COMUNICACIÓN EFECTIVA EN LAS RELACIONES Y HABILIDADES DE PAREJA (2 EN 1)

MÁS DE 33 HABILIDADES, ACTIVIDADES Y PREGUNTAS PARA AYUDARTE A COMUNICARTE MEJOR Y MEJORAR LA INTIMIDAD Y LA PASIÓN

FAYE PALMER

© **Copyright 2021 - All rights reserved.**

The contents of this book may not be reproduced, duplicated or transmitted without direct written permission from the author.

Under no circumstances will any legal responsibility or blame be held against the publisher for any reparation, damages, or monetary loss due to the information herein, either directly or indirectly.

Legal Notice:

This book is copyright protected. This is only for personal use. You cannot amend, distribute, sell, use, quote or paraphrase any part or the content within this book without the consent of the author.

Disclaimer Notice:

Please note the information contained within this document is for educational and entertainment purposes only. Every attempt has been made to provide accurate, up to date and reliable complete information. No warranties of any kind are expressed or implied. Readers acknowledge that the author is not engaging in the rendering of legal, financial, medical or professional advice. The content of this book has been derived from various sources. Please consult a licensed professional before attempting any techniques outlined in this book.

By reading this document, the reader agrees that under no circumstances is the author responsible for any losses, direct or indirect, which are incurred as a result of the use of information contained within this document, including, but not limited to, —errors, omissions, or inaccuracies.

ÍNDICE

Introducción   v

SECCIÓN 1 EL CÓMO, QUÉ, PORQUÉ, CUÁNDO Y DÓNDE DE COMUNICARSE EN UNA RELACIÓN

1. CÓMO Comunicarte eficazmente con tu pareja   3
2. QUÉ; Necesidades y deseos   27
3. POR QUÉ; Lidiar con las causas fundamentales   46
4. QUIÉN; Terapia narrativa en las comunicaciones de pareja   64
5. CUÁNDO; Reconociendo el punto de crisis y el punto de ruptura   76
6. DÓNDE; Reconsiderando tu entorno   88

SECCIÓN 2 EL CÓMO, QUÉ Y DÓNDE DE MANTENER UNA RELACIÓN SÓLIDA

7. Las clases acercan a las parejas   99
8. Vacaciones perfectas para parejas   108
9. Actividades divertidas para mantener fresca la relación   120
10. Sexo y comunicación y cómo unirlo todo   132

SECCIÓN 3 EL CÓMO, QUÉ, PORQUÉ, CUÁNDO Y DÓNDE DE COMUNICARSE EN UNA RUPTURA

11. Los temas tabú   147
12. Por qué, cuándo, qué y cómo terminar con gracia   160
13. Cómo, cuándo y dónde superar una ruptura   183
14. Cómo, cuándo y por qué volver a estar juntos   197

Conclusión   213

INTRODUCCIÓN

Muchos de nosotros estamos en una relación íntima y romántica de algún tipo. Y muchas de esas relaciones no son exactamente perfectas. Si bien nada realmente lo es, muchas de estas relaciones pueden ser mejoradas.

Los problemas de comunicación o la falta de comunicación son a menudo las causas del problema en las relaciones de pareja. Es algo sintomático y causal a la vez, y pertenece a una variedad de otras afecciones importantes, incluso potencialmente mortales. La falta de una comunicación clara destruye las relaciones, y de todo tipo; romántica, familiar, amigable y profesional.

El hecho es que, en este mundo lleno de información, poder comunicarse con claridad es vital y crucial no solo para alcanzar el éxito sino que también para tu felicidad, o incluso para nuestra propia supervivencia.

Sin embargo, sorprendentemente, las mejores habilidades de comunicación aún están fuera del alcance de millones de personas en todo el mundo. Hay muchas causas, que incluyen pensar demasiado, emociones reprimidas, demostraciones inapropiadas de ira y agresión. Esto también puede deberse a una serie de afecciones y trastornos e incluso a complejos.

Es vital saber con qué estás lidiando, por qué está sucediendo, cuándo y dónde ocurre esta falta de comunicación. Es fundamental saber cómo comunicarte mejor y con mayor claridad con tus amigos, familiares y compañeros de trabajo, y especialmente con tu pareja romántica.

¡Este es el libro perfecto para ti! No importa en qué parte del ciclo romántico te encuentres; determinado a hacerlo mejor, o en el meollo de un momento de crisis en el que temes que tu relación no sobreviva. ¡Y podrías tener razón!

Avanzaremos rápida y minuciosamente a través de las causas y curas de esta falla de comunicación y te diremos cómo solucionarla en todos y cada uno de los casos. Trabajaremos a través de diferentes técnicas de comunicación, discutiremos cuáles podrían ser las motivaciones reales, causas profundamente arraigadas, formas de reconocer y tratar los puntos críticos y los puntos de ruptura, y otros problemas que aparecen en las relaciones. Veremos cuándo y dónde pueden ocurrir estos puntos y cómo manejarlos. El libro hace que las teorías complejas sean fáciles de entender, con ejemplos y ejercicios que te pondrán en camino hacia un mejor romance de inmediato.

También te daremos toneladas de sugerencias prácticas sobre cómo, cuándo y dónde ir para mejorar tus relaciones, un manual virtual de viajes románticos y aventuras que pueden llevarte a París... o a tu propio patio trasero.

Usaremos la regla clásica de las *5 preguntas con WH* del periodismo (*quién, qué, dónde, cuándo, por qué* y *cómo*, todas del inglés *who, what, where, when, why,* and *how*) para llevarte a través de cada etapa de una relación y mostrarte con precisión cómo comprender y comunicar tus deseos e ideales. Pasaremos por los aspectos prácticos de la comunicación en las etapas iniciales, medias y finales cruciales de tu relación. Te asesoraremos a través de fallas de comunicación y crisis. La información contenida aquí te dará las habilidades necesarias para navegar por una ruptura y recuperarte de manera eficiente. Te ofreceremos consejos y trucos que pueden llevarte de regreso a los brazos de tu ex pareja, si eso es lo que realmente deseas.

Te llevaremos a través de varias escuelas de pensamiento psicológico, una introducción virtual en psicología moderna y teoría de la comunicación que te ayudará no solo con tu vida interior y tus relaciones íntimas, sino que también con tus amistades y relaciones profesionales.

Estamos dedicados a brindar la información más reciente a nuestros lectores para hacerles la vida más fácil y mejor. Sabemos que la vida de todos podría mejorarse de diferentes maneras y estamos felices de hacer todo lo posible para guiar, instruir y alentar a cualquiera que esté dispuesto a ayudarse a sí mismo. ¡Hacemos que conceptos vertiginosos sean fáciles de entender y aplicar! Mi propio viaje por la vida (como el de la mayoría de las personas) ha tenido su parte de fallas de comunicación, en casi todos los niveles. Pero era con mis socios con quienes a menudo tenía más problemas, porque esas relaciones son las más delicadas y, en muchos sentidos, las más importantes. Pero he aprendido de mis errores, ¡y ahora tú también puedes hacerlo!

Este libro contiene innumerables ejercicios y técnicas para ayudar a cualquier pareja a comunicarse mejor. Se ha demostrado que la información aquí rescata romances fallidos, y puede hacer lo mismo por ti. Pero este libro también puede ayudarte a comunicarte mejor con tu familia, tus amigos y tus compañeros de trabajo. Te dará una mejor comprensión de ti mismo y puede ponerte en un curso de superación personal que hace que cada momento de tu vida sea mejor, más feliz y más pleno. Este libro contiene conocimientos e información que harán que cualquier persona sea más eficaz, productiva y atractiva.

Y no soy el único. Nuestros libros han ayudado a miles de lectores ansiosos y esperanzados, y estas técnicas han sido probadas por el tiempo, están basadas en investigaciones y ciertamente pueden ayudarte de muchas maneras. Pero no solo a ti. Han ayudado a personas que conozco y ayudan a personas que conoces. Aquí hay tanta información y se tratan tantos aspectos diferentes de la comunicación que seguramente conocerás a alguien que podría beneficiarse de la información que estás a punto de obtener. Puede que no tengas un complejo de Dios, pero es probable que conozcas a alguien que sí lo tenga. ¿Tienes un amigo perfeccionista? Hazle un favor y consíguele una copia. ¿Eres tú un gerente con trabajadores a cargo? Todos deberían leer esto y luego discutir al respecto. Las herramientas y las técnicas incluidas aquí harán que cualquier oficina o lugar de trabajo funcione de manera más fluida, eficiente y eficaz. Esto se debe a que este libro trata sobre algo más que comunicación, trata de relaciones.

¡Ayuda a aclarar problemas de relaciones en la oficina y en casa! Aquí hay mucho más que simplemente comunicación de pareja. Muchos de nosotros tenemos relaciones defectuosas, tanto es así que este libro es valioso para casi cualquier persona.

Si incorporas solo una técnica de este libro, podrías salvar tu relación. Usar más o todas las técnicas revolucionará tu vida y la de quienes te rodean. Porque aunque no lean el libro, podrás guiarlos con lo aprendido, mejorando su vida junto con la tuya y sin que ellos se den cuenta. ¡Probablemente lo prefieran así!

Este libro no solo mejorará tu vida y la de ellos, ¡sino que es vital que comiences ahora! Las enfermedades que este libro soluciona pueden ser insidiosas e incluso mortales. La falta de comunicación clara es una enfermedad progresiva que puede tener consecuencias fatales. Es como un cáncer que se afianza antes de que te des cuenta y luego se propaga a todas las demás facetas de tu vida. Y puede ser igualmente mortal, provocando depresión, abuso, las consecuencias de la mala salud e incluso el suicidio.

No permitas que las cosas vayan demasiado lejos, no permitas que el cáncer se propague. Tienes en tus manos el bisturí que necesitas, la cura para lo que puede estar matando lentamente tu relación y arruinando tu vida. ¡No esperes un segundo más! Tu relación no puede permitírselo, tú no puedes permitírtelo. Y tus amigos y familiares también pueden estar sufriendo. ¡Cuanto antes te ayudes a ti mismo, antes podrás ayudarlos a ellos!

No te dejes caer en la trampa de la parálisis del análisis, no pienses demasiado, no permitas que el diálogo interno negativo o una mentalidad fija te impidan abrir nuevas puertas en tu vida y en el amor. Este libro lo aclarará todo y revolucionará tu forma de pensar, sentir y comportarte. Ya has comenzado tu viaje y eres más que capaz de dar los siguientes pasos para salvarte a ti mismo y a tus seres queridos de las trampas comunes que arruinan tantas vidas. El siguiente paso es la primera sección, el primer capítulo, el primer día del resto de tu vida.

¡A trabajar!

SECCIÓN 1 EL CÓMO, QUÉ, PORQUÉ, CUÁNDO Y DÓNDE DE COMUNICARSE EN UNA RELACIÓN

CÓMO DECIRLO, QUÉ ESTÁS DICIENDO, QUÉ SIGNIFICA REALMENTE, QUIÉN ERES REALMENTE CUANDO TE COMUNICAS Y LOS EFECTOS DE TU ENTORNO

1

CÓMO COMUNICARTE EFICAZMENTE CON TU PAREJA

POR QUÉ UNA MEJOR COMUNICACIÓN NO SOLO ES IMPORTANTE, ES CRUCIAL

Los expertos creen que las habilidades de comunicación realmente se activan alrededor de los dos años, cuando las palabras se forman y se asocian con conceptos básicos. Pero la capacidad de comunicarse de un niño de dos años se corresponde con la profundidad de su deseo. Tienen pensamientos básicos, casi siempre autodirigidos (*"Dame, es mío"*). Incluso se refieren a las dos influencias más imponentes en sus vidas, sus padres, en términos de sus propios deseos o necesidades.

Y eso está bien para un niño de dos años. Pero aprendemos con el tiempo (con suerte) que las interacciones más delicadas y complejas de los adultos requieren una forma más fina de comunicación. Si, por ejemplo, te sumerges en tu romance adulto diciendo: "Dame, es mío", podrías perder esa relación e incluso la libertad personal.

De hecho, aprendemos por etapas; nuestra capacidad para comunicarnos se desarrolla y evoluciona con nuestras experiencias. Ten en cuenta que hay dos mentalidades básicas entre la población en general; una mentalidad fija y una mentalidad de crecimiento. La mentalidad fija es una visión del mundo de mente cerrada, convencida de que las cosas son como son, las personas son como son, y estas cosas simplemente no cambian. La mentalidad de crecimiento sostiene que las personas y sus circunstancias pueden cambiar con el tiempo de acuerdo con la experiencia.

¿Porque es esto importante? En verdad, es importante para todas las cosas de nuestra vida y prácticamente en todos los niveles. El que tengas una mentalidad fija o de crecimiento afectará todos los aspectos de tu vida personal, profesional y social.

Una relación romántica es única entre estas cosas por una variedad de razones, la primera es bastante obvia. La intimidad física y espiritual que cualquiera comparte con una pareja romántica, por la naturaleza misma de ese tipo de relación, hace que cada persona en la relación sea mucho más vulnerable e invierta mucho más en esa relación que en cualquier otra. Tu jefe nunca te ve desnudo (esperemos) ni él a ti (ídem). No se espera que te acuestes acurrucándote y compartiendo tus secretos íntimos con tus compañeros de trabajo, sin importar lo cercanos que sean. Y así como puedes alejarte de tus compañeros de trabajo después de un traslado o cambio de trabajo, no eres tan propenso a alejarte del romance, a veces incluso años después de que se termina. Discutiremos esto más adelante en el libro, pero para hacer más hincapié en el compromiso, es más probable que las personas cambien de trabajo (aproximadamente cada cuatro años) que de cónyuges (probablemente dos veces en la vida, quizás tres).

Entonces, cómo nos manejamos en nuestras relaciones románticas es especialmente importante. Va al núcleo mismo de quiénes somos. Hay un viejo refrán que dice algo así como, puedes juzgar a un hombre por la forma en que trata a su esposa. No suena muy #yotambién, pero el punto permanece firme. La forma en que una persona trata a la persona con la que tiene más intimidad y amor es un buen reflejo y una indicación de cómo esa persona tratará a los demás. Si un hombre golpeara a su esposa, ¿qué le haría a un completo extraño?

No pretendo simplificar el concepto del abuso físico o marital, por supuesto. Hay mucho más que eso. Un hombre puede abusar de su esposa solo porque ella es la única incapaz de detenerlo, por una variedad de razones psicológicas.

Pero es cierto que la forma en que nos comunicamos en nuestras relaciones refleja la forma en que nos comunicamos en otras facetas de nuestra vida. Es prácticamente inequívoco que una persona con una mentalidad fija en un nivel tendrá una mentalidad fija en todos los niveles. Es casi seguro que alguien que es un buen oyente y un comunicador mesurado en su vida romántica se comportará de esa manera con sus amigos y compañeros de trabajo. Todo está entrelazado. Por lo tanto, aprender a comunicarse en este nivel es crucial para el éxito y la felicidad general de cualquier persona.

¿Cómo sabemos que esto es cierto? ¡Las estadísticas lo demuestran! Los estudios muestran que las parejas casadas son casi un 9% más felices que las personas divorciadas o separadas. Las personas solteras informaron ser solo un 0,2% más felices que las personas divorciadas. Todos los estudios muestran que los que nunca se han casado mueren antes que los que se han casado y mucho antes que los que permanecen casados.

Entonces, una relación romántica feliz y saludable es, sin duda, lo mejor para nuestros intereses. Y una comunicación sana es absolutamente vital para cualquier relación romántica sana. Otra mirada a varios estudios revela que la incapacidad para comunicarse es responsable del 65% de los divorcios. La incapacidad para resolver los conflictos conduce al 45% de los divorcios.

Los hombres investigados en un estudio en particular citaron las quejas y las protestas como su principal problema de comunicación. A eso lo llamamos culpar o avergonzar. Las mujeres parecían más irritadas por el hecho de que su pareja no valorara sus sentimientos u opiniones.

Puede haber pocas dudas. La comunicación clara y saludable es primordial para todas las facetas de tu vida, y en ninguna parte es más importante que en tu relación romántica.

QUÉ PUEDES ESTAR HACIENDO MAL

Pero, ¿qué tiene una relación romántica que pueda dificultar la comunicación clara y saludable? Así como la comunicación saludable es fundamental para un romance fuerte, ya hemos visto las estadísticas del efecto negativo en la comunicación no saludable. Pero la otra cara es que, si bien la comunicación en estas relaciones es fundamental, también puede ser la más desafiante, y ambas cosas están relacionadas con los detalles de una relación íntima.

Como hemos visto, una persona es más vulnerable en una relación romántica y esta tiende a invertir más en este tipo de relación. Como en muchas situaciones transaccionales, existe una relación riesgo-beneficio. Existe más riesgo en una relación personal (el riesgo de rechazo, el riesgo de traición, un divorcio costoso o doloroso y un niño o niños que deben soportar la peor parte de ese divorcio). También hay más recompensas (mejor salud física y psicológica a lo largo de una vida más larga, una vida familiar satisfactoria, hijos para llevar tus genes y tal vez cuidar de ti cuando seas mayor).

Pero ser tan vulnerable frente a algunos de estos riesgos puede afectar la perspectiva de una persona, su mentalidad y su comportamiento. El miedo es un motivador poderoso y cualquiera puede volverse temeroso con el tiempo. Con ese miedo, cualquiera puede querer proteger su vulnerabilidad. Si una persona tiene miedo de la infidelidad, puede retraerse y volverse física y románticamente introvertida. Visualizando una traición, se aíslan de la vulnerabilidad, que es en este caso la intimidad. Esto, por supuesto, puede convertirse en una profecía autocumplida, en la que una persona tiene miedo de ser traicionada y se encierra en sí misma y, por lo tanto, inspira a su pareja a una traición.

Pero es una lástima, ¡porque una simple línea de comunicación clara aclararía esto! Si uno tiene miedo a la traición, está haciendo una gran suposición. Las suposiciones, por cierto, casi siempre son incorrectas; todos sabemos lo que pasa cuando asumes. La tranquilidad y la aclaración podrían revertir esta suposición. Los letreros mal leídos se pueden corregir.

Las relaciones románticas tienen sus propios problemas de comunicación. Con el tiempo, una pareja romántica puede volverse tan complaciente que los participantes simplemente no se molestan en comunicarse. Mucho tiempo después de la fase de noviazgo, tal vez en lo más profundo del matrimonio, puede haber poco de qué hablar. Pero cualquiera que tenga una mentalidad de crecimiento sabrá que es probable que una persona crezca con el tiempo, que evolucione con el efecto de la experiencia. Entonces, siempre debería haber algo nuevo de qué hablar, de verdad. Solo se necesita una nueva perspectiva y una mente abierta.

También hay otro viejo dicho (usaremos algunos, porque funcionan) que dice que *la familiaridad engendra desprecio*. Después de tantos años de intimidad, de complacencia, las personas a menudo pueden cansarse unas de otras, es tan simple como eso. Y en lugar de lidiar con este problema cuando sucede, uno o ambos pueden permitir que esos sentimientos se agraven hasta volverse insoportables y la relación llegue a un final estrepitoso y, a menudo, amargo. Esto también es evitable. Es cierto que no todas las relaciones van a funcionar. No todas las parejas son compatibles entre sí, las personas se separan. Pero el rencor nunca se agravaría tanto si uno o los dos fueran abiertos con sus sentimientos y supieran cómo comunicarlos de una manera saludable. Porque no se trata solo de ser abierto con tus sentimientos, ya que eso puede tener resultados desastrosos.

Y este resulta ser otro gran desafío particular de comunicarse en una relación íntima o romántica. Uno u otro puede volverse propenso a sobre expresarse, sobre dramatizar, sobreactuar y sobre reaccionar. Esta comunicación se convierte en una arenga, en un ataque con quejas, insultos, abuso verbal e incluso puede conducir al abuso físico en una espiral creciente de ira y temperamento descontrolado. Estos abusos, todos ellos, pueden ir en ambos sentidos. Entonces, si vas a ser libre con tu comunicación, debes ser disciplinado, restringido y considerado con la posición de la otra persona. Con demasiada frecuencia, después de un cierto período de tiempo, podemos comenzar a sentir que le hemos dado a esta persona lo suficiente, y ahora es nuestro momento, por liberación, por atención, por lo que sea. Si quieres pelear, estarás bien situado. Si quieres tener un amigo, un amante o un cónyuge, es probable que vayas a ciento cincuenta kilómetros por hora por un callejón sin salida.

Una cosa a considerar es tener en cuenta la diferencia entre resentimiento e ira. La ira es más una emoción pasajera, mientras que el resentimiento tiende a persistir. A menudo, cuando no se expresa la ira, esta se convierte en resentimiento. La ira es mucho más fácil de manejar antes de que haya tenido la oportunidad de crecer y enconarse. Entonces, si puedes notar la diferencia, puedes reconocer a cada una de ellas y tratarlas de diferentes maneras. La ira es menos destructiva y se puede tratar más rápidamente, el resentimiento lleva más tiempo.

Aquellos en una relación romántica también enfrentan otros desafíos particulares en la comunicación. Las investigaciones indican que la fuente más común de conflicto entre las parejas casadas es el dinero. Muchas relaciones fallidas se deben a discusiones sobre el dinero, ya que el dinero tiene sus propios desafíos particulares cuando se trata de comunicación, especialmente en las relaciones íntimas.

En Estados Unidos, como en muchos países de todo el mundo, define nuestro éxito o nuestro fracaso. Cuántas conversaciones comienzan con... *"Entonces, ¿qué haces?".* En la década de 1980 y más allá, cuando la codicia era algo bueno, el éxito se volvió aún más vital para la autoestima de una persona, especialmente para los hombres. Era una medida de su potencia, de su vigor, de su fuerza, una señal de que era un macho alfa. Todo esto cayó en el mandato biológico de la procreación de lo que la psique humana ha sido entrenada y creada para buscar, desear y hacer. Recuerda que las mujeres solo han estado en la fuerza laboral estadounidense durante unas pocas generaciones. Pero los hombres tienen una tradición de casi 10.000 años de demostrar su valía para reproducirse y de hacerlo dominando su entorno; la pradera, el Pacífico y otros campos de batalla, incluso la sala de juntas o el bloque suburbano. La presión para que los hombres triunfen es inmensa.

Durante años, esto había sido una espiral ascendente. Cada generación lo había hecho mejor que la generación anterior. Eso poco alivió la presión, por supuesto. Pero cuando la generación actual resultó ser la primera en no hacerlo tan bien como la generación anterior, las cosas dieron un giro. Los trabajos eran más difíciles de encontrar y la llamada *gran recesión* de 2007-2009 golpeó, y la presión para tener éxito se convirtió en presión para sobrevivir.

Después de una recuperación histórica, las cosas han vuelto a tomar un giro económico a la baja. La gente está teniendo muchos más problemas ahora, solo aumentando la presión de los problemas de dinero. Esta vez, el maltrato económico fue tan grave que resultó en una depresión generalizada, abuso de sustancias e incluso suicidio.

Y volviendo a las estadísticas, hablar de dinero es difícil para mucha gente promedio, incluso en las mejores circunstancias. Esto habla al centro de cómo nos vemos a nosotros mismos. Muchos de nosotros nos vemos como hombres por un simple hecho histórico, aunque cada vez menos por un simple hecho contemporáneo. Todos estamos sufriendo, propensos a sentimientos de fracaso e incapacidad para sobrevivir. Esto puede desencadenar sentimientos de haber fallado a los padres de uno, sentimientos de haber dejado caer la pelota en todo el país.

Las presiones económicas suelen ser implacables. No importa cuán comprensivas, tolerantes, complacientes y cariñosas sean dos personas, eso no pagará el alquiler, no pondrá comida en la mesa ni pagará la factura del seguro del automóvil. Esas cosas se ciernen sobre las cabezas de innumerables parejas, casadas o no, y pueden ser paralizantes.

Las formas en las que se establece una comunicación clara y saludable no deberían ser desconocidas. Los temperamentos se encienden y el autocontrol estalla en arrebatos irrevocables, o el miedo y la vergüenza crean grandes momentos de interrupción de la comunicación hasta que ya no se puede restablecer una línea clara.

Estas preocupaciones monetarias resuenan de maneras aún más profundas. Piensa en la mentalidad fija o de crecimiento. En casi ninguna parte esto resuena más fuerte que en términos de nuestras economías privadas, excepto quizás nuestras vidas románticas en general. Pero dado que estamos viendo un aspecto aún más central de nuestras vidas, dividámoslo.

Primero, ¿por qué el dinero es más central que el amor? ¿Qué tipo de monstruo escribiría algo así? ¿Es este Gordon Gecko en persona? Bueno, no pretendo decirlo de esa manera. Pero nuestro éxito o fracaso a menudo se ve como un reflejo de algo dentro de nosotros. El rudo individuo estadounidense está tan profundamente arraigado en nuestras mentes, desde Davy Crockett hasta Ronald Reagan, que nos consideramos los administradores del sueño americano. Es algo que hacemos o dejamos de hacer por nuestra cuenta, según muchos. Es una noción que se presta a una mentalidad fija o de crecimiento.

Es probable que una mentalidad fija vea las cosas que suceden en su vida como un reflejo personal y como una medida de su valor. Una mentalidad de crecimiento es más apta para enfocarse en la circunstancia y sus mejores esfuerzos en relación con la circunstancia. Una mentalidad de crecimiento es más propensa a perdonarse a sí misma, porque la mentalidad de crecimiento no permite que las circunstancias, un éxito o un fracaso, reflejen el valor de la persona.

Pero ambas mentalidades pueden adoptar la forma individualista de hacer las cosas. No quiere decir que alguien con una mentalidad de crecimiento deba ser necesariamente un jugador de equipo. Algunas personas interactúan bien con otras y encuentran inspiración allí. Otros prosperan con la privacidad y menos distracciones. Esto tiene mucho que ver con si una persona es un *manager,* cuyo trabajo lo pone naturalmente en interacción con los demás, o un *creador,* cuyos requisitos laborales generalmente incluyen largas horas a solas. Un gerente o manager que juega en equipo puede ser una persona con mentalidad de crecimiento, lista para enfocarse en el resultado y no en el compromiso individual, pero aun así puede ser fijo en sus métodos, capacitado por la experiencia para manejar el caos con un sentido más estricto de control. Es probable que te resulte difícil convencer a una persona así de que sus métodos son incorrectos, ¡porque es posible que no lo sean!

De cualquier manera, podrías tener una mentalidad de crecimiento o una mentalidad fija y seguir siendo un manager o un creador; es posible que aún tengas problemas de dinero con los que no te sientas cómodo. Porque una persona con mentalidad de crecimiento puede ser optimista sobre el futuro pero aún no saber cómo lidiar con el presente. Es probable que el hombre o la mujer de mente fija crea que las cosas nunca cambiarán realmente. Es posible que esta persona tenga menos probabilidades de avanzar, pero también tiene finanzas más estables.

Esto nos devuelve a mi imitación de Gordon Gecko. Vemos aquí cuán central es el concepto de éxito en la forma en la que nos identificamos, independientemente de nuestra mentalidad o el estado de la economía. Usamos la frase hombre hecho a sí mismo por una razón, y es el ideal estadounidense.

Pero cualquier romance implica necesariamente a una segunda persona. Se trata de los puntos de vista, opiniones, gustos, debilidades, locuras, metas y arrepentimientos de la otra persona. Una relación no se encuentra en el centro de ninguno de los individuos, sino en el centro del espacio entre ellos. Es un equilibrio de gravedad diferente. Seguramente, uno afecta al otro, pero no son lo mismo.

Y dado que hemos visto los efectos devastadores de los problemas de dinero en el romance, eso es algo con lo que hay que tener especial cuidado. También hablaremos más sobre esto más adelante en el libro, pero por ahora, ¡tenlo en cuenta! (En serio, volveremos a todas estas ideas a medida que avancemos en el libro, así que no te saltes nada, puede que tengas que regresar.)

CLAVES PARA UNA COMUNICACIÓN MÁS CLARA

Todo parece mucho para digerir. Parece que, para comunicarnos mejor con los demás, tenemos que acercarnos a nosotros mismos. De hecho, eso es muy cierto. Ya hemos mencionado la mentalidad fija y la mentalidad de crecimiento. ¿Cuál tienes tú? Tómate un momento para pensarlo. ¿Tienes un punto de vista derrotista, listo para anticipar un patrón de eventos a repetir sin importar qué fuerzas externas ocurran? ¿Tus fracasos te inspiran a intentarlo de nuevo, a esforzarte aún más, sabiendo que el resultado puede ser el fracaso mismo? Puede que nunca hayas pensado en eso, pero tal vez ya sea hora de que lo hagas.

Y aunque seas una persona de mentalidad fija, no tienes que mantenerte fijo al respecto. Enfréntalo; no puedes controlarlo todo; no puedes ser responsable de todo. Es probable que todo éxito sea el resultado de al menos unas pocas personas, incluso si solo fueron tus héroes personales, maestros o mentores. Por lo tanto, cada falla tampoco es culpa tuya. Los fracasos conducen al éxito, son parte del proceso. Ten en cuenta que el proceso aún puede cambiar el resultado final, que nada está grabado en piedra. Eso es todo lo que tienes que hacer.

Pero si tienes una mentalidad fija y quieres seguir así, también está bien. Hay otras formas, pero como persona con mentalidad fija, al menos puedes asegurarte de guardar siempre el dinero, la misma cantidad todos los meses si es posible. Cíñete a los sistemas que te sirven; paga tus impuestos a tiempo, siempre di la verdad.

Y este es tu punto de vista, conócelo entrando en el ámbito de la intimidad y la comunicación. Si tienes tu forma de hacer las cosas y estas están grabadas en piedra, comienza por encontrar a alguien que te entienda y te acepte, e incluso abrace esta parte de ti. O puedes encontrar una pareja con las mismas reglas, también grabadas en piedra. Bien. Dos mentalidades fijas probablemente encajen bien.

Si eres una persona con mentalidad de crecimiento, es posible que desees evitar a una persona de mentalidad fija, o puede que no. Quizás los opuestos se atraigan. Pero saber qué tipo de persona es la otra y qué tipo de persona eres tú marcará la diferencia en si puedes comunicarte con éxito.

El conocimiento es poder, después de todo.

Hay otros aspectos del individuo que deben examinarse al analizar la comunicación en las relaciones románticas. Debido a que la naturaleza de la intimidad y la vida compartida está tan extendida, esta toca todos los aspectos de nosotros mismos y de los demás. ¿Eres extrovertido, en movimiento, del tipo manager? Si eres así y tu pareja también, es posible que en realidad choquen, cada uno tratando de superar al otro. Dos trabajadores pueden convertirse simplemente en un par de introvertidos y no establecer una conexión en absoluto.

La forma en la que tratamos con diferentes tipos es diferente, y en ninguna parte es tan importante como en una relación romántica. Tenemos un efecto mucho mayor en cada uno de nosotros que en la mayoría de los demás. Si eres del tipo manager y tu pareja es del tipo trabajador simbiótico, eso es genial. Pero los dos estilos pueden chocar. Demasiada gestión puede aislar aún más a la pareja con mentalidad de trabajador. Entonces, entiende que te comunicas de cierta manera y tu pareja de otra manera. Algunas personas son naturalmente más energéticas, otras más reservadas. Esto puede inspirar o molestar. Sé consciente de cómo esto les puede afectar.

Al comunicarte, ten siempre presente a la otra persona por encima de ti. Tus reacciones serán más fáciles de manejar que las de ella.

Esta es la esencia de la diplomacia, que te servirá en todas las facetas de tu vida. Siempre es lo primero en todo conflicto militar, y la primera regla de la diplomacia es resolver los conflictos evitando la guerra. Puede parecer simple, pero comúnmente es algo que se olvida y se pasa por alto. Porque si bien a veces un desacuerdo puede resolver problemas y fortalecer una amistad, el hecho básico es que muy a menudo no buscamos una amistad, solo buscamos una pelea. Puede que estemos un poco borrachos o un poco hartos, pero entramos en el conflicto viéndolo como una guerra a la espera de suceder, y es casi seguro que sucederá. Muy raramente las personas se comprometen con la actitud de que están entrando en una misión de diplomacia, no en una lucha en absoluto. Si lo hicieran, al menos algunas de esas peleas probablemente podrían evitarse.

¿Y cómo incorporas la diplomacia en tu comunicación romántica? Echemos un vistazo más de cerca.

En primer lugar, selecciona un momento y un lugar con privacidad. Nadie debe estar cerca para escucharte, o lo que se diga puede avergonzar a una o ambas partes. Esa tercera persona puede verse envuelta en un conflicto en el que no tiene parte. Y es muy descortés discutir delante de otra persona. ¿Has visto alguna vez una pareja discutiendo en una fiesta de cóctel, o tal vez dos amantes borrachos peleando en medio de la fiesta de la fraternidad? Sí, así que no hagas eso.

Comienza con lo que está funcionando. No te limites a romper tu lista de quejas. Las cosas solo pueden ir en picada hacia abajo desde allí. Recuérdale a tu pareja lo que funciona en su relación, lo que atesoras sobre tu pareja, los buenos recuerdos que tienen y las cosas que esperas con ansias. Suavizarás lo que viene a continuación y mitigarás cualquier potencial combatividad.

Recuérdale a tu pareja que la amas y que te agrada, y que todo lo que deseas es que ambos sean tan felices juntos como puedan. Así es como te sientes, ¿verdad? Si no es así, reconsidera toda la conversación.

Haz preguntas. A menudo se dice que el mejor conversador del mundo solo habla de una cosa... tú mismo. No quieres seguir hablando constantemente de tus enojos, tus necesidades, tus juicios. Eso solo llevará a tu pareja a exigir que sea el momento de sus enojos, sus necesidades y sus juicios. Ahí es donde a menudo termina la diplomacia. Y hay momentos en los que tienes que representarte a ti mismo y debes enfocarte en el otro. Llegaremos a eso muy pronto. Pero por ahora, si vas a hablar de la otra persona, hazlo en preguntas. No le digas que sus sentimientos están mal, no le digas cómo crees que debería sentirse. Pero puedes y debes preguntarle sobre sus sentimientos; expresa y demuestra un interés genuino con respecto a cómo se siente, por qué se siente de la forma en que se siente, qué cree que podría cambiar para dejar de sentirse así. ¡Pero no le pongas toda la responsabilidad!

Pregúntale qué puedes haber hecho tú para que se sintiera de esa manera, qué puedes hacer (si es que puedes hacer algo) para corregirlo. Participa, pero hazlo de forma retórica. De esta manera, no realizas ninguna declaración que pueda parecer agresiva o insultante.

Escucha activamente, no pasivamente. No te limites a sentarte y esperar a tener la oportunidad de insertar tu perspectiva o expresar tu punto de vista. Concéntrate realmente en lo que dice la otra persona, en los sentimientos detrás de esas palabras. No ofrezcas correcciones ni opiniones, solo escucha. No es tan fácil como parece y puede que requiera algo de experimentación. En nuestro mundo acelerado, difícilmente podemos permitirnos no ser proactivos en todo momento. La meditación es un ejercicio excelente para convertirse en un oyente activo.

Sin profundizar demasiado en ella, la meditación trascendental incluye sentarse en silencio y concentrarse en algo más que el clamor del mundo. Puede ser tu respiración, enfocándote en la inhalación y la exhalación mientras respiras. Algunos se enfocan en un solo punto de enfoque, otros en un mantra murmurado. La idea es enfocarse solo en esto. Esto te entrena para concentrarte y, naturalmente, te convierte en un mejor oyente. Pruébalo y ve si no estás de acuerdo. La meditación también tiene muchos otros beneficios.

Sé empático. En resumen, la simpatía es la capacidad de sentirse mal por alguien. La empatía es cuando puedes imaginar el dolor que siente el otro. La simpatía es una norma social, pero la empatía implica una inversión emocional real. Entonces, dado que estás allí con tu pareja íntima, tal vez tu cónyuge, hablando de las mismas cosas que pueden estar plagando el alma de esa persona, invierte algo de empatía.

Imagina sentir lo que está sintiendo, siéntelo muy dentro de ti. Puede que no estés acostumbrado a expresar empatía, pero probablemente esté a tu alcance. Pruébalo viendo *Casablanca* o *Love Story* y comprueba si no te conmueves.

Si tienes que hablar y tienes que decir cosas sobre tu pareja que podrías considerar constructivas (no es probable que sea tomado de esa manera), observa esta regla: aborda el comportamiento si es necesario, no el carácter de la persona. Si el descuido es un problema, mantenlo así; no hay razón para diagnosticar ese descuido como reflejo de que la persona es perezosa o estúpida. Nunca seas personal con eso. Además, esas cosas se pueden discutir, pero si el asiento del inodoro está levantado, entonces el asiento del inodoro está levantado; con respecto a esto, no hay ningún debate que valga la pena tener.

Si debes abordar el comportamiento de tu pareja, haz un seguimiento rápido con una solución, que ya deberías haber preparado con anticipación. No te limites a entrar con las armas en alto y esperar a conseguir lo que quieres. Mantente preparado. El señor de la guerra chino Sun Tzu dijo, a grandes rasgos, que el general *que* prevalece sabe que va a prevalecer porque sabe *cómo* va a prevalecer. Él también era un gran creyente de la diplomacia.

Cuando pases de las preguntas a las declaraciones, hazlas con respecto a ti. Nadie tiene derecho a decirle a otra persona cómo pensar, cómo sentirse o cómo expresar esos sentimientos y pensamientos, sin importar cuán repulsivos puedan ser. Siempre puedes alejarte, y la mayoría de las veces, eso es lo que sucede. Pero siempre tienes derecho a expresar cómo te sientes. La otra persona también puede alejarse, pero tú no estás transgrediendo a nadie al decir cómo te sientes.

Ten en cuenta que no tienes derecho a esperar que las personas te brinden lo que deseas si no estás listo para pedirlo. No puedes esperar que te lean la mente. El viejo tú *debería haber sabido* que la rutina ya no funciona. Así que anímate y prepárate para defender tu posición.

Sé honesto, no importa si estás hablando o escuchando. Evita ser conciso. Ciertamente no seas grosero. Nadie puede culparte por ser honesto. Además, si no lo eres, no les servirá de nada a ninguno de los dos. Si no estás siendo honesto, no estás teniendo una línea clara de comunicación, punto.

Y cuando haces tus declaraciones, hay ciertas estrategias que puedes usar. Por ejemplo, no dirías: "¡Siento que estás completamente equivocado!" Eso no funcionará. Tampoco, "Siento que estoy completamente en lo cierto, y... pareces sentir lo contrario". No se puede hacer trampa con esto, y hacerlo bien no es tan fácil como parece.

Intenta algo como, "Siento que no me escuchas", o "Me siento más y más tenso", o incluso, "Siento que algo anda mal entre nosotros". Oye, te sientes cómo te sientes. Todo lo que la otra persona puede hacer es decir cómo se siente. Es una excelente manera de suavizar las cosas si puedes, incluso para evitar que se pongan complicadas. Asume la responsabilidad de tus acciones, tu lugar en el esquema que tienen entre ustedes, y de tus propios sentimientos y emociones.

Pero cuidado, hay un problema; algunas personas escuchan la palabra sentimientos y se vuelven insensatas. De repente te has convertido en un supuesto *copo de nieve*, como si no tuvieras ningún intelecto y estuvieras actuando solo por emoción. Pero he descubierto que la mayoría de las personas que atacan instantáneamente la palabra sentimientos no son intelectuales, sino simples matones que son esclavos de sus propios sentimientos, que casi nunca pueden entender. Mencionar tus sentimientos es un desencadenante de este tipo de actitud de intimidación. No significa que no debas hacerlo, pero mantente preparado.

Si alguien se activa de esta manera, lo mejor que puedes hacer es alejarte. Si esta es tu pareja romántica, es posible que no sean una buena pareja. Si deseas intentar que funcione, reconoce qué tipo de comunicación no llegará a esa persona y mantente preparado para aceptarlo. Por supuesto, este es un síntoma de una mentalidad fija, y una mentalidad fija se puede cambiar, como hemos visto. Pero ese cambio casi siempre tiene que ocurrir desde adentro. Es probable que una persona con cualquier mentalidad se aferre a ella solo hasta que decida cambiarla. Se aferrará aún más a ella ante la intervención de alguien más. Realmente, no puedes cambiar a una persona.

Esta persona también puede ser un abusador. Hay varios tipos de abuso: físico, sexual, psicológico. Si estás tan frustrado en una relación, esta persona puede que sea emocionalmente abusiva. Si retiene el afecto, no muestra remordimiento, es inusualmente controlador o culpable o irrespetuoso de tus sentimientos, probablemente estés en una relación emocionalmente abusiva. Creo que sería difícil encontrar a alguien dispuesto a sugerirte que intentes cambiar a esta persona o la relación. Esta persona podría tener una serie de trastornos psicológicos, problemas que tú no puedes resolver, si es que se pueden resolver. Debes escapar de casi todas las relaciones abusivas, no salvarlas.

Pero si ambos están en su sano juicio y realmente interesados, hay muchas maneras de que todo funcione sin problemas. Reflexiona sobre lo que ha dicho tu pareja, reformúlalo a medida que profundizas. "Sé que te sientes así, que tu voz no se escucha..." o lo que sea que haya dicho. Demuestra que escuchaste, entendiste y que lo tomaste como parte de tu responsabilidad personal.

Responde, no reacciones. Sé razonable, evita las emociones. Cuando una persona viene de un lugar emocional, no se puede razonar con ella. Del mismo modo, la emoción no puede realmente influir en la razón. Se trata del cerebro y cómo este funciona.

La corteza prefrontal de nuestro cerebro controla la lógica y la toma de decisiones, mientras que el sistema límbico es donde se encuentran nuestras emociones. Cuando la corteza prefrontal inhibe la reactividad emocional del sistema límbico, todos somos bastante razonables. Pero cuando las emociones pasan desapercibidas, la corteza prefrontal pierde el control. Pero estas operan en diferentes niveles, y una vez que se alcanza el desequilibrio, el cerebro tarda un tiempo en recalibrarse. Pero debes saber que, a efectos prácticos, una persona emocionalmente acelerada simplemente no escucha la razón. Entonces, cuando las cosas se pongan demasiado emocionales, piensa en alejarte. No conseguirás nada a partir de ese momento y es probable que sigas haciendo un daño mayor o incluso irrevocable.

Si eso sucede, nunca tengas miedo de alejarte de una conversación y no dejes que nadie te detenga. Nadie tiene derecho a exigirte que lo hagas. La otra persona puede hablar, pero no es necesario que escuches.

Sin embargo, cuando *hables*, usa un lenguaje colaborativo como *nosotros, nuestro*. Es una técnica de vinculación, que demuestra que no solo estás en esto por ti mismo, sino que tienes un objetivo compartido. Si no tienes el objetivo compartido de mantener la relación feliz... y viva... entonces tienes otros problemas.

Si todavía estás en equilibrio pero la diplomacia no parece estar funcionando, hay otras consideraciones. Has preguntado por tu pareja, te has expresado, ¿y ahora qué? Echa un vistazo a tu entorno. El medio ambiente tiene un gran efecto en la psique. Sé constructivo sobre lo que cada uno puede hacer para mejorar la situación. No juzgues, pero puede haber cosas físicas que afectarán tu comportamiento y tus sentimientos. ¿Es hora de una buena limpieza de primavera? Quizás esa actividad les dé la oportunidad de trabajar juntos y acercarse más. Te dará tiempo para revisar esos viejos recuerdos que tienes por ahí, y eso podría llevar a reavivar viejos sentimientos, haciendo recordar a cada uno su amor cuando estaba en su máxima expresión. ¿Alguno de ustedes se siente agobiado o asfixiado? Quizás se pueda reservar un área apartada para actividades privadas, como leer o escribir en un diario. Tal vez unas vacaciones juntos revitalicen una vida sexual menguante o tal vez unas vacaciones separadas serían buenas para corregir demasiada familiaridad.

Sé creativo, pero razonable. Si unas vacaciones no ayudan efectivamente, entonces estas podrían volverse perjudiciales. La pregunta recae realmente en la identificación del problema, que veremos pronto. Si tu problema es una vida hogareña desordenada, un fin de semana en Las Vegas no ayudará. Seguirás volviendo a casa con el mismo problema. Si estás luchando con un problema de juego o con la bebida, Las Vegas *definitivamente* no te ayudará. Y si el dinero es tu problema, bueno, siempre hay una buena limpieza de primavera a la antigua.

Piensa antes de hablar. Esto es algo que todos deberíamos hacer con más frecuencia, pero es crucial cuando las cosas se ponen complejas entre tú y tu pareja. Y es demasiado fácil hablar demasiado rápido, decir demasiado. Y algunas cosas no pueden dejar de decirse.

Algunos otros buenos consejos de comunicación incluyen mantener la voz baja; las voces aumentan, una con la otra, así que mantén la voz baja y mantendrás las cosas tranquilas. No interrumpas; escucha en silencio y con respeto, y realmente escucha, puede ser tu última oportunidad. Mantente sobrio; no hagas grandes charlas sobre nada importante cuando alguno de los dos esté bajo la influencia de alguna sustancia. Sé amable; no hagas comentarios personales sobre el otro, ya sea sobre su cuerpo, cara, cabello, madre, amigos, mascota, ni nada. Sé breve y no seas repetitivo; si no expresaste tu punto de vista después de uno o dos intentos, tal vez la otra persona simplemente no esté escuchando. Sé consciente de tu lenguaje corporal; no apuntes, no gruñas, no te inclines hacia adelante, no empujes la barbilla, no muerdas tu labio inferior, no aprietes los dientes o los puños. Estas cosas afectarán tu voz, lo que alimentará una espiral creciente de ira incontrolable. Sé feliz; llega a la comunicación con la esperanza de mejorar las cosas, no con la certeza de que están a punto de empeorar. Míralo como una misión de diplomacia.

En este sentido, ponte cómodo. No te quedes cara a cara en el centro de la habitación, esa es una postura de combate. Eso lo hacen los boxeadores, los espadachines y los peleadores de bar. Tú estás ahí como diplomático, para evitar la pelea. Entonces, siéntate y de una manera cómoda. Evita las posturas de poder, como sentar a alguien en una silla y luego sentarte tú en la esquina del escritorio, asomándote por encima de la otra persona. No hagas que se siente mientras tú estás de pie. No se sienten frente a frente en una mesa, esa es una posición de confrontación. Siéntense uno al lado del otro si es posible, en un sofá sin nada entre ustedes.

Haz contacto visual. Esto funciona en todo tipo de comunicación, desde interrogatorios legales y judiciales hasta el área psicológica. Es bastante común en el mundo empresarial, un movimiento de poder directo. Esto muestra que estás concentrado en la otra persona, que estás escuchando. Mirar hacia otro lado hace que parezcas distraído, desinteresado o peor aún... confundido o deshonesto.

Pero ten cuidado con el contacto visual, ya que es una técnica seria. Algunos pueden encontrarlo inquietante. Si alguien se inquieta bajo tu mirada, mira hacia otro lado. Y si estás enojado, esta es una técnica particularmente discordante e incluso puede parecer amenazante.

Piensa bien en tu pareja durante estas conversaciones y en general. No estoy diciendo que seas un lector de mentes, pero este tipo de cosas logran llegar a un nivel subconsciente.

Por último, no tengas miedo de disculparte. Realmente es algo bastante simple, pero algunas personas simplemente no pueden o no quieren hacerlo. Las investigaciones indican que las personas que se niegan a disculparse incluyen a aquellas que temen ser consideradas débiles o temen represalias o rechazo por no ser perdonadas al admitir sus errores. Algunos son perfeccionistas que sienten que este pequeño defecto los definirá. Si tú eres una de estas personas que se siente así, es posible que desees reconsiderarlo. Hace falta ser un adulto maduro para poder disculparse, especialmente cuando te equivocas. Y nos equivocamos mucho más de lo que creemos.

Estar a ambos lados de una disculpa no te convierte a ti ni a nadie en una víctima. Hemos visto que una persona tiene que pedir lo que quiere, no puede sentir resentimiento por otra persona por no leer su mente. Pedir una disculpa tampoco convierte a nadie en víctima. Es una declaración personal y bastante modesta. Lo más probable es que, si alguien cree que se le debe una disculpa, posiblemente se la merezca. Si te percibieron como grosero, digamos, y ofendiste a alguien inadvertidamente, entonces debes disculparte por hablar mal o ser ofensivo inadvertidamente. Si pretendías ser grosero, definitivamente debes una disculpa, o si has notado que transgrediste, simplemente discúlpate. El hecho de que te disculpes es un signo de fuerza.

Aunque si estás en una situación en la que constantemente tienes que disculparte, podría haber un desequilibrio real allí.

Así que ten cuidado al comunicarte con tu pareja romántica, ten en cuenta las trampas ocultas y utiliza esos trucos útiles.

2

QUÉ; NECESIDADES Y DESEOS

Esto nos lleva a una recorrido que va más allá, desde las formas de comunicar, o el *cómo*, hacia el siguiente nivel, el *qué*. Porque es importante comprender lo que estás expresando antes de poder expresarlo con claridad.

Básicamente, la motivación humana se puede clasificar como un grupo de necesidades y un grupo de deseos. ¿Estás expresando una necesidad o un deseo? Echemos un vistazo más de cerca a ambos.

NECESIDADES

Las necesidades son las cosas que debes tener para poder sobrevivir.

Abraham Maslow (1908-1970) creó su jerarquía de necesidades como una pirámide de cinco niveles de las cosas que la psique humana requiere para una vida plena. Comienza con el nivel inferior, el más amplio y básico, pero también el más necesario. Estas son las necesidades fisiológicas de comida, agua, calor, descanso. Sin estas cosas, ninguna de las otras es necesaria o incluso posible, porque la vida no puede progresar sin esas necesidades fisiológicas básicas.

Ten en cuenta que el mismo Maslow admite que hay cierta superposición aquí. Las necesidades de seguridad pueden ocurrir al mismo tiempo que las fisiológicas, y las fisiológicas con las necesidades de pertenencia y amor, por lo que pueden no progresar de una manera estrictamente ordenada y no necesariamente pueden tratarse de esa manera.

Pero en el modelo básico, solo cuando se satisface el primer nivel de necesidades se puede pasar al siguiente nivel, necesidades de seguridad como la seguridad misma o la protección. Esto incluye un refugio. No es estrictamente necesario, pero es el siguiente paso hacia arriba después de las necesidades básicas. En tiempos menos extenuantes, el refugio se habría considerado un requisito, y hoy en día sigue siendo un requisito para una psicología realizada.

El tercer nivel incluye las necesidades de pertenencia y amor, que incluyen relaciones íntimas y amistades. Una vez que están en su lugar, uno puede avanzar al segundo nivel desde la cima, hacia las necesidades de estima. Estas necesidades incluyen prestigio y sentimiento de logro.

Una vez que uno ha trabajado en los cuatro niveles, en orden, puede llegar al nivel superior, la autorrealización, que lleva a la persona a alcanzar su máximo potencial, con un equilibrio de éxitos profesionales y personales.

Y toda la jerarquía, los cinco niveles en su totalidad, pueden ser divididos en tres categorías. Los dos primeros, fisiológicos y de seguridad, se consideran *necesidades básicas*. Los dos siguientes, necesidades de pertenencia y amor y necesidades de estima, se consideran necesidades *psicológicas*. El nivel superior, la autorrealización, es una necesidad de *autorrealización* en sí misma.

Entonces, si lo que estás expresando es una necesidad, ¿cuál es? Es probable que sea una de las necesidades psicológicas, pero ¿y si realmente es una necesidad de realización personal? Tu pareja no puede ser responsable de tu autorrealización, pero sí participa en tus necesidades de pertenencia y amor, por lo que es justo que te acerques por esos motivos. Aunque ambas se consideran necesidades psicológicas, ¿tienes necesidades de estima o necesidades más básicas de pertenencia y amor? Cuando estás en una relación, es importante saber la diferencia. Además, ten en cuenta que en las relaciones íntimas, una necesidad de pertenencia y amor es tan importante para ti como para cualquier persona. Viene antes que la estima y mucho antes que la autorrealización. Entonces, conoce el valor de lo que estás tratando de preservar.

Pero hay aún más en este fascinante modelo psicológico. Porque los cinco niveles también se pueden subdividir en *necesidades de deficiencia* o *necesidades de crecimiento*. Las cuatro primeras, las necesidades básicas y psicológicas (fisiológicas, seguridad, pertenencia y amor, estima) se consideran necesidades deficientes. El nivel superior, la autorrealización, es una necesidad de crecimiento (a veces llamada *necesidad del ser*). Y esto tiene sentido. Si te faltan las primeras cuatro necesidades, eres deficiente en ellas. Hasta que no tengas estas cuatro, solo te estás poniendo al día, no avanzando. El quinto nivel superior es donde ocurre el crecimiento real, donde se logra el avance.

Ahora que la jerarquía de necesidades está clara, las aguas se enturbian nuevamente. ¡Porque el modelo ha sido modificado para la era moderna al incluir tres capas más! Una nueva quinta capa por encima de la cuarta, las *necesidades cognitivas,* incluye comprensión y conocimiento, exploración y curiosidad, necesidad de significado y previsibilidad. Piensa en las cuestiones existenciales de identidad y propósito. Estas cosas generalmente se resuelven antes de la necesidad de autorrealización superior.

Una nueva sexta capa está justo por encima de las necesidades cognitivas, las llamadas *necesidades estéticas.* Estas incluyen una apreciación de la naturaleza, la búsqueda del equilibrio y la forma y la belleza. Luego vienen las necesidades de autorrealización en el número siete, con una nueva capa superior, una octava capa por encima de la anterior: *necesidades de trascendencia.* Estas incluyen valores que van más allá del yo, más allá de las cuestiones existenciales del lugar personal y la identidad a nociones más trascendentes de eternidad, Dios, asuntos religiosos y espirituales. Los expertos dirían que una psique verdaderamente realizada primero necesitaría algo de autorrealización antes de estar equipada para tener una comprensión trascendental, de modo que uno llegue a la cima.

De la nueva pirámide de ocho niveles, los cuatro primeros (fisiológicos, seguridad, pertenencia y amor, estima) se consideran necesidades deficientes y los cuatro superiores (cognitivos, estéticos, autorrealización, trascendente) se consideran necesidades de crecimiento. La nueva jerarquía se divide en las conocidas tres categorías más o menos de la misma manera: las dos primeras, fisiológicas y de seguridad, todavía se consideran *necesidades básicas*. Las dos siguientes, necesidades de pertenencia y amor y necesidades de estima, todavía se consideran necesidades *psicológicas*. Los cuatro niveles superiores, cognitivo, estético, autorrealización, trascendente, se consideran necesidades de *autorrealización*.

Entonces, ¿qué sucede cuando una persona alcanza esas necesidades de crecimiento y se autorrealiza? Los hombres de la historia autorrealizados incluyen a Abraham Lincoln y Albert Einstein. Pero aunque, teóricamente, cualquiera puede autorrealizarse, pocas personas lo logran. El mismo Maslow sugirió que solo el dos por ciento de las personas se autorrealizan. Entonces, echemos un vistazo a lo que sucede en la parte superior de la jerarquía de Maslow. Esto te ayudará a evaluar dónde te encuentras tú y otras personas en la jerarquía y te ayudará a identificar las necesidades y luego poder satisfacerlas. Esto es especialmente importante cuando se trata de parejas íntimas.

¿Estás autorrealizado? Si compraste este libro, probablemente tengas una relación íntima, eso te coloca al menos en el tercer nivel. Si también estás imbuido de suficiente autoestima, entonces estás listo para progresar hacia arriba y volverte autorrealizado, si aún no consideras que ya lo estés. Echemos un vistazo más de cerca a cómo se ve una persona autorrealizada.

Según la investigación de Maslow, las personas autorrealizadas pueden tolerar la incertidumbre y tener una percepción clara y eficiente de la realidad. Se aceptan a sí mismas por lo que son. Esto significa que es poco probable que los perfeccionistas y los que piensan demasiado, aquellos con varios complejos, logren la autorrealización porque sus percepciones de sí mismos y de la realidad están muy sesgadas.

Las personas autorrealizadas tienden a ser espontáneas, viven en el momento y no están atrapadas ni en el pasado ni en el futuro. No consideran en exceso todas las opciones hasta que no se selecciona ninguna opción (a veces se denomina *parálisis de análisis*).

Las personas autorrealizadas se centran en los problemas, no en las personas. Con una mentalidad de crecimiento, saben que el fracaso no define a la persona y que sus propios esfuerzos no son tan importantes como el resultado final. En el caso de fallar, aprenden de sus errores y avanzan hacia el próximo desafío.

Maslow descubrió que las personas autorrealizadas tienen un sentido del humor a veces peculiar. Se deleitan en lo que creen que es divertido, no en lo que creen que otros encontrarán divertido. No están tan preocupados por las impresiones que puedan tener los demás. También tienden a conservar su individualidad, no son propensos a las tendencias culturales; aunque tampoco son deliberadamente escandalosos o rebeldes.

Aquellos que se autorrealizan tienden a mirar la vida objetivamente en lugar de subjetivamente. Tienen una percepción más clara que aquellos que ven el mundo solo a través de sus propias experiencias y perspectivas. De esta forma, la persona autorrealizada tiende a ser tanto comprensiva como empática. Del mismo modo, tiende a preocuparse por el bienestar de los demás y por el futuro de la humanidad. Tiene preocupaciones trascendentes, pero también aprecia profundamente las experiencias básicas de la vida. Puede que tenga la cabeza en las nubes, pero sus pies están firmemente en el suelo.

Las personas autorrealizadas también tienden a ser muy creativas. Establecen menos relaciones en la vida, pero esas relaciones son más significativas y tienden a durar más. Suelen haber tenido experiencias cumbre, alturas memorables a las que mirar en retrospectiva. Sin embargo, generalmente necesitan privacidad y tienen poca necesidad de ser el centro de atención.

También tienden a tener opiniones sociales y políticas democráticas y altos estándares éticos y morales. ¿Cuántas cosas marcaste en tu lista? ¿Cuáles te faltan? Puedes remediar casi cualquier carencia que encuentres en la lista. ¿No te consideras muy creativo? Quizás no hayas encontrado tu medio. Ser creativo no significa estrictamente ser artístico. Podrías ser un solucionador de problemas creativo, por ejemplo. ¿Eres políticamente más conservador que liberal? Eso no significa que no puedas autorrealizarte. No dejes que la lista te limite, deja que abra puertas que no sabías que estaban allí.

Hagámoslo más fácil. En lugar de mirar los comportamientos de las personas autorrealizadas, examinemos los comportamientos que conducen a un lugar de autorrealización. Si deseas volverte más autorrealizado, intenta hacer lo que ellas hacen.

Trata de experimentar la vida como un niño, absorbe todo y ten curiosidad y una mente abierta. Prueba cosas nuevas y abraza nuevas experiencias. Escucha tus propios sentimientos, evalúa las cosas y las experiencias con base en tu propia perspectiva, no en la percepción común o de alguna autoridad. Piensa por ti mismo.

Sé honesto y evita la falsificación o los juegos. Defiende tus puntos de vista incluso si corres el riesgo de ser impopular. A esto se le llama integridad, la medida del efecto que sufre una cosa dadas las mismas presiones externas. Es un término aeronáutico que se refiere a cuánto se doblará un ala dada la misma altura, altitud, temperatura, viento y otras fuerzas externas. Si el ala reacciona de la misma manera en las mismas circunstancias, su integridad está intacta. Las personas autorrealizadas son confiables.

De la misma manera, las personas autorrealizadas asumen la responsabilidad de lo que hacen y dicen, y trabajan duro para hacer y decir las cosas correctas, cosas que están preparadas para respaldar o defender. Pero ser autorrealizado no es ser perfecto (de hecho es abandonar el perfeccionismo), es simplemente saber que uno puede ser mejor.

Una persona autorrealizada también tiene la claridad para ver sus propios defectos y trabajar para resolverlos. Tiene la mentalidad de crecimiento que le permite cambiar y crecer incluso después de haber alcanzado la autorrealización. Pero recuerda que la autorrealización es una necesidad de crecimiento.

Todo encaja perfectamente, ¿no?

Eso nos lleva de las necesidades a los deseos. ¡Aquí es donde las cosas se ponen divertidas!

DESEOS

Derivado de *desiderare*, latín para *desear* o *anhelar*, el deseo es nuestro compañero constante en formas grandes y pequeñas. Es parte de nuestra vida en todos los sentidos y puede ser algo tanto inspirador como destructivo.

Sigmund Freud (1856-1939) dividió los deseos en dos categorías de impulsos, libidinales (sexuales) y agresivos (muerte). Cuando se suprime cada uno, los impulsos sexuales a menudo crean resultados productivos o creativos, mientras que los impulsos de muerte a menudo inspiran depresión u otros comportamientos destructivos. También señaló que podría haber cierta superposición, ya que los impulsos sexuales a menudo se vuelven agresivos y los impulsos de muerte a menudo tienen un trasfondo sexual. Años más tarde, el espectro de extrañas y violentas imágenes de video disponibles en Internet lo confirma.

Antes de continuar, digamos simplemente qué no son los deseos: necesidades. Ya hemos analizado aquellas cosas que son necesarias para una vida plena. Los deseos son cosas más allá de las necesidades que anhelamos, son cosas que queremos.

Cuando carecemos de deseo, nuestras vidas se consumen solo por necesidad, y esa no es una vida bien equilibrada. El deseo nos motiva, y sin él podemos aburrirnos o perder el rumbo y estar infinitamente insatisfechos. Esto puede provocar depresión, mala salud y malos hábitos de sueño, y complicaciones físicas y psicológicas relacionadas que conducen a una muerte prematura o incluso al suicidio.

Un problema es que, durante los primeros años formativos de nuestras vidas, nuestras necesidades y deseos son básicamente los mismos, las necesidades fisiológicas y de seguridad básicas. Un niño necesita y desea comida y bebida y no puede diferenciar una inspiración de otra.

Luego, cuando maduramos, a menudo no podemos dejar de lado ese paralelismo infantil de necesidad y deseo. Para la mente no entrenada e indisciplinada, la necesidad y el deseo siguen siendo uno. Entonces, uno puede sentir que necesita un auto nuevo, o que no puede vivir sin ese par de zapatos. Estas personas han descuidado la diferencia.

Esto es particularmente sorprendente en las relaciones íntimas. Una pareja puede llegar a necesitarse económicamente pero no desearse mutuamente. Es posible que sientas que necesitas una pareja extra-monógama, cuando esto puede ser simplemente un deseo. ¿Necesitas una disculpa o simplemente deseas una? Es un criterio fundamental para elegir qué pedir y cómo solicitarlo.

Siempre puedes usar una construcción si/entonces para resolver esto:

¿Si no obtengo esto, entonces qué pasará?
¿Si tengo esta aventura, entonces cómo me sentiré?
¿Si esto no sucede, entonces qué haré?

Esto te ayuda a visualizar el futuro y te brinda claridad para tomar una mejor decisión.

LOS PROBLEMAS DEL DESEO

Ahora que tenemos claras nuestras necesidades y, en este caso, nuestros deseos, echemos un vistazo más de cerca a este impulso complejo y a menudo contradictorio.

Tal vez no sea sorprendente que el deseo de fuerza vital sea conocido a grandes rasgos como *destructor de la autorrealización y el conocimiento y el gran símbolo del pecado* en la tradición Hindú. Las Cuatro Nobles Verdades del Budismo proclaman que la lujuria, en sí misma una de las formas más puras de deseo, es la causa de todo sufrimiento. Adán y Eva del Antiguo Testamento deseaban conocer, y todos recordamos *qué* pasó.

Aun así, tomemos una visión más contemporánea.

Desde el principio se nos enseña que debemos controlar nuestros impulsos. Sigmund Freud introdujo el modelo psicológico del ello, el yo y el superyó. En este modelo, el ello es la parte del cerebro que está regida por el deseo. Esta es la parte infantil e impulsiva de la psique que busca la realización inmediata sin pensar en los demás o en el futuro. El yo es la parte práctica de la psique, la parte que se ocupa del mundo exterior y sabe lo que se requiere, lo que se necesita. El yo debe gobernar el ello egoísta e impulsivo. Ésta es la lucha central de la psique, la necesidad de ser práctico luchando con las necesidades del egoísmo.

Solo cuando el yo ha ganado el control del ello, cuando la psique práctica tiene un control firme sobre el deseo irracional, se puede lograr el superyó. El superyó mira más allá del ello, más allá de la practicidad social del yo, y mira hacia afuera y hacia arriba, hacia el bien moral y espiritual. Freud argumentaría que una psique que no gobierna sus propios impulsos y deseos nunca puede alcanzar una perspectiva moral clara.

Es importante tener en cuenta que los tres elementos son necesarios, funcionan juntos. El yo no aplasta al ello, ya que el ello tiene un gran propósito para la psique. El ello aporta espontaneidad, fantasía, creatividad, muchos de los rasgos de la persona autorrealizada. Pero el ello debe ser gobernado por el yo, que también tiene un propósito vital. Los tres trabajan juntos.

Así que no estamos aquí para demonizar el deseo, sino que para entenderlo mejor y poder controlarlo mejor. Esto te ayudará a entender mejor los deseos de tu pareja y a tratar con ellos de forma más efectiva también.

LOS CICLOS DEL DESEO

Se puede decir, y a menudo se dice, que el sufrimiento puede enmarcarse en términos de deseo. Hay un ciclo en esto, y si reconoces el ciclo en ti mismo o en otros, estarás mejor equipado para interrumpirlo. El ciclo comienza con el deseo que no se satisface. El deseo insatisfecho es doloroso, el dolor causa miedo y ansiedad de sufrir más dolor. El miedo y la ansiedad pueden interrumpir el deseo o extraviarlo radicalmente, provocando que más deseos no se satisfagan, lo que provoca más dolor y desencadena más ansiedad y miedo, creando deseos fuera de lugar que no se pueden satisfacer, y así sucesivamente.

Aquí hay un ejemplo: deseas la compañía de una persona atractiva, pero esta persona está casada, por lo que tus deseos deben quedar insatisfechos. Es una posición razonable, pero el dolor es una emoción y no una razón, así que sientes el dolor del deseo insatisfecho. Ahora, puedes temer que ninguna pareja te acepte, puedes sentir ansiedad por lo que podrías haber hecho de manera diferente o lo que aún podrías hacer para cambiar el resultado. Esto puede darte el deseo de interferir en el matrimonio, descarrilarlo para erradicar el problema. Pero eso no va a funcionar. Tus deseos solo quedarán insatisfechos. Es probable que sientas ansiedad por lo que has hecho y tengas temor a represalias. Buscando tener la conciencia tranquila, decides mudarte a otra ciudad. Pero tu conciencia nunca estará verdaderamente limpia, por lo que ese deseo no será satisfecho. Es un dolor aún peor saber qué tipo de decisiones has tomado, tienes miedo de que tu vida se arruine y estás ansioso por saber qué hacer a continuación. Deseas beber un trago que contenga el deseo de eliminar de alguna manera el dolor. A la mañana siguiente, ese deseo no se cumple, y así sucesivamente.

Puede parecer extremo, pero estas cosas suceden. Es posible que conozcas a alguien con una historia similar. Pero eso realmente no nos importa. ¿Qué pasa contigo? ¿Cuáles son tus deseos? ¿Podrían llevarte por este camino? Prueba algunos ejercicios de si/entonces para saber que no vas por un camino peligroso y destructivo.

Hay otro ciclo destructivo del deseo con el que hay que tener cuidado, uno que es igualmente insidioso. El deseo puede ser un motivador para el éxito o para todo tipo de logros. Deseamos una casa grande, un coche bonito, un buen trabajo, una pareja atractiva.

Pero una vez que se alcanzan estas cosas, con demasiada frecuencia se vuelven obsoletas, insuficientes. El mismo impulso puede empujar a una persona a desear una casa más grande, un coche más bonito, un trabajo mejor, una pareja más atractiva.

El problema aquí es que uno puede no recordar que el deseo es un motivador, no la meta. El deseo que se alimenta por sí mismo nunca será satisfecho. Una vez que se han logrado los objetos del deseo, la energía del deseo debe ser redirigida hacia, por ejemplo, el deseo de ser caritativo, el deseo de ayudar a los demás, el deseo de encontrar mayores formas de expresión.

Porque con demasiada frecuencia las cosas que deseamos son cosas materiales. Este deseo puede cegarnos ante lo que realmente nos motivó en primer lugar, las cosas que realmente importan. Una persona puede desear las trampas del éxito, pero ¿con qué fin? Autorrealización, crecimiento. Pero el deseo sobre el deseo no crece, es solo expansión. Eso es un crecimiento lateral, y en realidad es lo mismo que ir a ninguna parte.

Este tipo de deseo se convierte rápidamente en codicia y, a pesar de lo que Gordon Gecko y yo dijimos antes, la codicia *no* es buena.

EL MUNDO COMO VOLUNTAD Y REPRESENTACIÓN

El mundo como voluntad y representación de Arthur Schopenhauer dibuja a la sociedad humana en dos mundos estratificados; arriba está el mundo de las apariencias y, debajo, está el mundo de la voluntad. El mundo de las apariencias es el mundo consciente, el mundo impulsado por el ego. El mundo de la voluntad es un proceso ciego en la búsqueda de supervivencia y reproducción. Schopenhauer nos dice que la voluntad es el mundo formativo, el mundo de las apariencias simplemente siendo un conjunto de manifestaciones de esa voluntad.

Incluso el cuerpo humano está diseñado para manifestar el mundo de la voluntad. La boca y el estómago son el hambre que se manifiesta, los genitales son la forma fundamental de lujuria y deseo de procrear. Nada en el mundo natural puede ser separado por la voluntad que lo inspira.

Este mundo de apariencias está destinado a apelar a nuestro lado intelectual. Nosotros también somos meras manifestaciones de nuestra propia voluntad.

¿Qué significa esto para ti? Si la teoría de *El mundo como voluntad y representación* se sostiene, todo en tu mundo de apariencias es en realidad solo una manifestación de tu voluntad. Ya hemos hablado de cómo el entorno refleja e influye en nuestro estado mental (¿ves cómo se junta todo?), y ahora vemos ese concepto llevado al límite. El entorno no es simplemente un reflejo de la psique, es algo creado por la voluntad misma, sujeto por completo a su poder. En esta construcción, es un ejercicio de influencia unidireccional.

¿Tu mundo refleja tu voluntad? ¿Qué es esa voluntad? Utiliza la técnica de los 5 porqués o algunos ejercicios de si/entonces para conocer mejor esa voluntad. Aunque es posible que no tengas que hacer más que echar un vistazo a tu entorno inmediato. ¿No es tu computadora una manifestación de tu voluntad de triunfar? ¿Qué pasa con esos archivos de video que descargaste? ¿Qué parte de tu voluntad manifiestan?

Entonces, de acuerdo con el concepto de *El mundo como voluntad y representación*, no moldeamos nuestros deseos, nuestros deseos nos moldean a nosotros. No podemos elegirlos; solo podemos llegar a comprenderlos y así controlarlos. Y por muy elevada que sea esta teoría, tiene mucho sentido. Piénsalo... Los gustos y deseos se forman cuando somos niños y rara vez cambian; están impresos en nuestros años de formación. Te gusta lo que te gusta, quieres lo que quieres, lo que te excita simplemente es lo que te excita. Realmente no puedes cambiar algo así y tampoco debes negarlo, solo tienes que entenderlo.

No siempre es fácil comprender nuestros deseos, ya que muy a menudo solo están en nuestra mente subconsciente. Y a menudo estamos en conflicto e incluso preocupados cuando esos deseos se vuelven conscientes. La sexualidad en conflicto o la identificación de género es un buen ejemplo de esto.

TIPOS DE DESEOS

Los deseos rara vez ocurren por sí solos. De hecho, existen dos tipos de deseos y suelen trabajar juntos. Hay *deseos terminales* y *deseos instrumentales*. Los deseos instrumentales actúan en apoyo del deseo terminal. Por ejemplo, si quiero ir a comer algo fuera de casa (un deseo terminal), deseo vestirme y encontrar las llaves del auto (deseos instrumentales).

Los deseos terminales son generados por sentimientos, en este caso el hambre. Eso los convierte en deseos poderosos. Los deseos instrumentales están más orientados a la razón y tienen menos impacto en nuestra psique. También son más fugaces por naturaleza, ya que pueden necesitarse una docena de deseos instrumentales para llegar a un deseo terminal. Los deseos instrumentales no están destinados a nuestro placer, pero el deseo terminal sí lo está. Algunos deseos son tanto instrumentales como terminales, como tu carrera (si la disfrutas) o tu hogar.

Tanto los deseos terminales como los instrumentales se consideran deseos positivos y saludables.

La mayoría de los deseos terminales también se conocen como deseos *hedónicos*, que llevan al placer de evitar el dolor. El anhelo de un cóctel es un deseo hedónico, por ejemplo. Sin embargo, no todos los placeres terminales son hedónicos; existe el deseo de ser caritativo, por ejemplo. Algunos pueden argumentar que cualquier cosa disfrutada es hedónica porque obtienes algo de placer con ella, pero soy escéptico ante una perspectiva tan hastiada.

Los deseos también se pueden dividir en otras dos categorías: *naturales* y *antinaturales*. Los deseos fisiológicos son deseos naturales y están limitados por su naturaleza misma. El hambre es un deseo que sacias alimentándote, la sed la sacias bebiendo. Los deseos antinaturales, de poder, fama o riqueza, son ilimitados. El deseo por estas cosas nunca se saciará. Parafraseando a Epicuro, los deseos naturales son fáciles y placenteros de satisfacer, por lo que deben ser satisfechos. Los deseos antinaturales no son fáciles ni placenteros de satisfacer, por lo que no deberían ser satisfechos.

Un poeta y filósofo indio del siglo XV, Kabir, describió el deseo como la verdadera riqueza de la humanidad. Kabir creía que la persona con más deseos era la más pobre y rara vez tenía éxito. Kabir consideraba a estas personas como las más tristes y superficiales, abrumadas por demasiados deseos que son de muy poco valor.

Otros nacen con los mismos deseos, pero se centran solo en unos pocos y logran alcanzar al menos algunos de ellos. Estas personas son más felices y se las considera exitosas.

Un tercer grupo nace con menos deseos y, naturalmente, se enfoca en sobresalir en ellos y lograr sus metas para lograr sus deseos. Estos se convierten en grandes líderes mundiales, científicos y artistas.

El individuo más raro tiene un solo deseo, la trascendencia. Ya hemos visto cuán elevado es ese objetivo. Y Kabir nos dice que a medida que crece el desarrollo emocional, el número de deseos disminuye. La meditación (que ya mencionamos brevemente) es una buena manera de reducir diez pensamientos a cinco, cinco a dos, dos a uno. Esta es una forma en que la meditación ayuda a lograr la trascendencia. Y cualquiera puede meditar si tiene solo unos minutos. Incluso un minuto para concentrarte en tu respiración natural puede ser beneficioso. Puede que no trasciendas, pero es un buen comienzo.

Existe una correspondencia directa entre el desarrollo emocional y la cantidad de deseos. Aquellos con muchos deseos son emocionalmente volátiles. No están comprometidos con mucho, incluidas sus propias emociones, por lo que estas no duran. Sin embargo, así como los sentimientos de ira desaparecen rápidamente, también lo hacen los sentimientos de alegría o satisfacción.

Las personas con menos deseos tienden a tener más pasión. Tienen más energía para distribuirse en menos actividades y es más probable que tengan éxito y triunfen.

Cuando todas las metas y los deseos se fusionan, Kabir lo llama *devoción de pasión singular.* Este es el verdadero objetivo de la autorrealización, cuando todas las necesidades y deseos se satisfacen con la misma satisfacción placentera.

¿Qué tipo de persona eres? Si te sientes abrumado por demasiados deseos, haz algunas listas clasificándolos en importancia, en una escala del uno al diez. Deja solo los tres que es más probable que logres. No tienen por qué ser los tres más importantes o los más desafiantes. Logra esos deseos y pasa a otros tres. También puedes considerar eliminar algunos, ya sean demasiado grandes o demasiado pequeños.

¿En qué etapa del deseo te encuentras? ¿Son tus emociones volátiles? Eso podría ser una señal de que tus deseos son demasiados y tienes que emparejarlos. ¡Saca tu bolígrafo y empieza a hacer algunas listas!

Aunque la meditación es una buena forma de hacer esto, el sufrimiento es otra. Aquellos que sufren más desean menos y se enfocan en lo que es verdaderamente importante en la vida, renunciando a deseos antinaturales. Los socorristas, los veteranos de combate y otros prisioneros de guerra son buenos y honorables ejemplos.

3

POR QUÉ; LIDIAR CON LAS CAUSAS FUNDAMENTALES

Si bien es vital saber cómo debes comportarte al comunicarte en tus relaciones íntimas (y en cualquier relación en realidad), es hora de profundizar. Debemos mirar más allá de *cómo* nos comunicamos e incluso más allá de *qué* decimos, y llegar hasta las causas fundamentales, el *porqué* de lo que decimos, sentimos y hacemos.

Cualquier transformación personal comienza con el centro del cuerpo y el alma. Las cuestiones existenciales de la autoidentificación de una persona, de su lugar en la sociedad, son fundamentales para quién es y qué piensa prácticamente en todos los niveles. (Volveremos al existencialismo más adelante en este capítulo.) Una persona con una mentalidad fija que se identifica a sí misma como un perdedor, solo se embarcará en una espiral descendente hacia la profecía autocumplida, perdiendo oportunidades, pensando demasiado en las cosas y exigiendo una perfección que es inalcanzable. Una persona con una mentalidad de crecimiento que se ve a sí misma como resistente probablemente lo será y superará el fracaso para lograr un gran éxito.

Entonces, este es uno de nuestros conceptos centrales, las cosas de las cuales surgen otras actitudes y comportamientos.

Pero no es el único.

SIGNOS Y CAUSAS FUNDAMENTALES DE LA CONDUCTA NEURÓTICA

El término *conducta neurótica* es tan amplio como mal entendido. Puede sonar como un insulto barato, un diagnóstico general del comportamiento de alguien que quizás no te guste o de una persona que quizás no te agrade. Pero incluye una serie de afecciones muy graves. Entonces, si vamos a llegar a la raíz de la falta de comunicación y las otras cosas que destruyen las relaciones e incluso vidas enteras, debemos dedicar un poco de tiempo al comportamiento neurótico.

Es posible que quieras omitir esta sección, pero te recomiendo encarecidamente que no lo hagas. Mucha gente exhibe un comportamiento neurótico y de maneras que ni siquiera comprenden. E incluso si no te consideras neurótico, tu pareja puede exhibir estos comportamientos, y el propósito de este libro es brindarte las herramientas que necesitarás para enfrentar una variedad de desafíos, incluida la neurosis.

La neurosis no es psicosis. Para ser bastante general, un psicótico pierde la capacidad de distinguir la fantasía de la realidad. El neurótico es, de hecho, hipersensible a la realidad. Un verdadero psicótico puede creer que lo siguen o conspiran contra él, aunque no exista tal conspiración. Un neurótico está más preocupado por los gérmenes; y mientras haya gérmenes, se imagina su peligro.

La parte complicada es que hay muchos cruces. Los trastornos como la personalidad límite y el trastorno bipolar pueden parecer simples neurosis, pero son mucho más profundos. Algunos creen que el trastorno límite de la personalidad no se puede tratar en absoluto.

Pero hay algunas señales comunes a las que hay que estar atento si estás buscando un comportamiento neurótico.

Un comportamiento neurótico común son las emociones inestables. Los neuróticos pueden enfurecerse fuertemente (también común en el trastorno bipolar). Otro comportamiento neurótico común es la llamada personalidad adictiva. La investigación está muy desperdigada en cuanto a las raíces de una personalidad adictiva, y podría tener tanto que ver con la impronta de los padres como con un desequilibrio químico en el cerebro. Ambas teorías podrían ser ciertas. Pero con total seguridad las adicciones son un comportamiento neurótico. El neurótico es hipersensible a la presión de la vida: exceso de trabajo, aburrimiento, diálogo interno negativo o una imagen negativa de sí mismo, una sensación de futilidad que viene con una mentalidad cerrada. De una forma u otra, estas son señales de alerta para el comportamiento neurótico.

El perfeccionismo es una neurosis clásica. Hipersensible a la realidad. Una perfección para tener una sensación de control y para definirse en los mejores términos posibles. Cualquier cosa que no sea eso puede fastidiar a un perfeccionista, robarle la alegría de sus esfuerzos y evitar nuevos esfuerzos. Los perfeccionistas, como otros en esta lista, tienden a optar por el diálogo interno negativo y el pensamiento excesivo, la repetición de eventos anteriores o la imaginación de eventos futuros o posibles. Esto afecta a los perfeccionistas, a personas de mentalidad fija de todo tipo, y es un comportamiento neurótico muy común. Si piensas demasiado en las cosas, puedes lidiar con esto fácilmente aceptando tu imperfección y la naturaleza caótica del mundo; deja ir el pasado y el futuro y vive solo en el presente. Medita. Pero ten cuidado con este dúo mortal de perfeccionismo y pensamiento excesivo.

El estrés crónico también es un comportamiento neurótico común. Todos nos estresamos de vez en cuando, pero si una persona está constantemente estresada, probablemente carezca de las habilidades para afrontarlo y debería leer este libro. El estrés crónico es un resultado común de pensar demasiado. Y como muchos de estos comportamientos neuróticos, el estrés puede tener efectos terribles en el cuerpo. La inflamación interna, un resultado común del estrés, puede causar ataques cardíacos y accidentes cerebrovasculares. Los comportamientos asociados con el estrés normal también son peligrosos: el abuso de alimentos y sustancias, y los riesgos para la salud que los acompañan, incluida la muerte prematura. El estrés y otras de estas neurosis también tienen efectos psicológicos, como depresión, trastornos del sueño y suicidio.

La envidia es un comportamiento neurótico. Esta crea obsesiones de inferioridad y celos y resentimiento reprimido, y puede inspirar cleptomanía y otros comportamientos antisociales. Aquellos que exhiben envidia son a menudo personas de mentalidad fija, más preocupados por cómo se ven a los demás, exitosos o no, más que por cómo ven el mundo.

Ser demasiado dramático, algo que ya hemos mencionado, es un comportamiento neurótico clásico. Ocurre como resultado de una tristeza o enojo excesivos, a menudo enraizados en algún pequeño problema. Sin embargo, esto resulta en un ataque de ira, una rabieta que la persona a menudo no puede controlar. Al menos esta persona nunca aprendió a hacerlo, aunque si lo intentara podría lograrlo. Este tipo de sobreactuación es una de las principales causas de rupturas y también es un comportamiento neurótico muy común. También es tremendamente antisocial. Olvídate de perder tu relación amorosa, si eres una persona temperamental hasta el punto en el que tienes arrebatos de rabia, no pasará mucho tiempo hasta que estés completamente solo.

La desesperanza es un comportamiento neurótico común también, y en muchos sentidos es la otra cara de ser demasiado dramático. La misma conduce a la depresión, al abuso de sustancias y al suicidio. Pero comienza de manera bastante simple, solo como una melancolía prolongada nacida de una mentalidad fija que está segura de que nada funcionará nunca. Bueno, si estuvieras seguro de que nada saldría bien, probablemente también te sentirías desesperado. Pero la desesperanza también puede estar relacionada con el estrés, o con una crisis pasajera como una enfermedad o la muerte de un amigo o ser querido. Puede nacer de la decepción, la pérdida de un trabajo o un romance.

Pero también puede sabotear una carrera o una relación. Nadie quiere estar cerca de una triste Debbie Downer, ¿verdad?

LAS RAÍCES PROPIAS DEL COMPORTAMIENTO NEURÓTICO

Pero el comportamiento neurótico está más que solo profundamente arraigado y puede causar todo tipo de otros problemas, y también se puede rastrear hacia otros comportamientos y condiciones. Algunas personas creían, y muchas todavía creen, que las neurosis son genéticas, se transmiten de una generación a la siguiente, sintomáticas de trastornos como la esquizofrenia. Muchos investigadores más modernos creen que son comportamientos adquiridos. Los traumas se citan a menudo como la raíz de varias neurosis, y otros son el resultado de la impronta de los padres.

El abuso infantil es una causa común de muchas neurosis, incluido el perfeccionismo y el estrés crónico. Muchos adultos viven esforzándose por corregir los errores que cometieron en el pasado que inspiraron los abusos de su infancia.

Debido a que el comportamiento neurótico está tan extendido y es tan variado y a menudo tan difícil de identificar, es un problema que está mucho más extendido de lo necesario. Y con nuestro mundo recientemente tan turbulento, hay incluso más ansiedad y muchos comportamientos neuróticos probablemente surjan a partir de esto.

Mientras estemos viendo el papel que juega la neurosis en nuestras vidas y en cómo y qué comunicamos, especialmente a nuestras parejas románticas, debemos dar un paso más. Porque una vez que hayas analizado algunos de los comportamientos neuróticos, debemos echar un vistazo a algunos de los complejos aún más profundamente arraigados que a menudo se asocian. No por coincidencia, estos también se encuentran entre los complejos más comúnmente reportados culpados por relaciones fallidas en varios estudios.

El complejo de Edipo/Electra es cuando una persona siente una atracción casi sexual por el padre del sexo opuesto.

Un profundo afecto por el padre del sexo opuesto. Edipo, perteneciente al antiguo mito griego, se enamoró de su madre y mató a su padre. Electra, por otro lado, se sintió atraída por su padre y culpó a su madre. En estos días, los complejos son de naturaleza mucho más conservadora. Pero hay muchos casos en los que un vínculo anormalmente fuerte entre madre e hijo (por ejemplo) puede resultar en un niño adulto emocionalmente atrofiado que no puede realmente asumir un papel de adulto. También es un asesino común de las relaciones románticas. Ninguna mujer quiere lidiar con eso, ¿y por qué lo haría? Este complejo conduce al perfeccionismo y al pensamiento excesivo, ya que el niño se obsesiona con los padres con esfuerzos eternos por impresionar y ganar su amor y aprobación. Esto puede llevar a una gran cantidad de diálogo interno negativo y pensamiento excesivo, ya que el niño frustrado se regaña a sí mismo constantemente por sus fracasos para así poder hacerlo mejor, para realmente ganarse el amor de esos padres.

Es una pena, porque una mentalidad más orientada al crecimiento ayudaría al niño adulto a abandonar la mentalidad fija que puede haber adquirido durante la niñez: que el hijo es y debe ser siempre la figura central en la vida de los padres. Como resultado, estos niños adultos tienden a tratar mal a sus parejas adultas; ninguno de los dos puede estar a la altura de sus irracionales expectativas infantiles, que están condenadas a la decepción. Los hombres pueden abusar de sus parejas; las mujeres pueden retirarse por completo de la interacción social.

El complejo virgen/prostituta es una forma de describir la perspectiva de los hombres que ven a las mujeres como uno de los dos arquetipos: una madre joven virginal (la virgen) y una bestia sexual voraz (la prostituta). El complejo se ha representado en innumerables obras de ficción y comedia; es algo que ha sido llevado a nuestra conciencia colectiva. No necesitas ir más allá de Ginger y Mary Ann de la comedia de los 60 *"La isla de Gilligan".* Ellas eran el complejo de virgen/prostituta hecho en vida, y era y sigue siendo una iconografía poderosa.

Otra versión más moderna del complejo afirma que los hombres con este complejo realmente desean ambos arquetipos en una sola persona, una maestra de escuela de día y una stripper de noche. Están destinadas a ser ambas cosas y a la misma vez.

Los hombres que sufren de este complejo a menudo no pueden mantener una relación porque pocas mujeres pertenecen a uno de estos tipos extremos, y las probabilidades de que una mujer sea una combinación de ambos es incluso aún menor, que es lo que realmente quieren muchos hombres. Esta expectativa poco realista, como la mayoría, casi siempre está condenada a terminar en decepción.

Los hombres también parecen tener dificultades para diferenciar un aspecto del otro, y la representación de la stripper puede contaminar el lado de la maestra de escuela/ama de casa de esta doble personalidad. O puede que el hombre solo quiera a la prostituta, pero descubre que ella es mucho más que eso. Puede sentirse engañado, pero, por supuesto, solo lo decepcionó su expectativa poco realista.

Los hombres con este complejo suelen estar solos y ser solitarios, imbuidos de deseo y visión, pero sin una forma razonable de encontrar satisfacción. Este hombre a menudo tiene una mentalidad fija, ve a las mujeres como un tipo u otro, sofocado eternamente en su propia condición. El perfeccionismo es también una señal de alerta para este complejo común.

El complejo de Dios puede resultar particularmente molesto para los amantes. Uno de los dos puede considerar que no debe responder ante nadie. Se hace a su manera o no se hace. Estas personas no solo son comúnmente arrogantes hasta el punto de ser insufribles, también son propensas al perfeccionismo y a otros complejos como el complejo virgen/prostituta antes mencionado, creyendo que se lo merecen todo, y todo perfecto. Pero esta persona también puede ser propensa a la infidelidad. Entonces, si tu pareja se inclina hacia un complejo de Dios, mantente en guardia. En realidad, cualquiera de estos complejos comunes probablemente debería ponerte en guardia.

Alguien con un complejo de persecución tiene un miedo irracional a ser odiado, maltratado y perseguido. Este complejo, relacionado con la paranoia, es común entre los que piensan demasiado y aquellos con una imagen negativa de sí mismos. Conduce a estrés crónico, automedicación, un reflejo de pánico exagerado y falta de sueño. Y en las relaciones, una persona con esta condición sospechará del otro, proyectará sus inseguridades en el comportamiento del otro. Muy a menudo, esta persona sospechará que la otra persona ha hecho o podría hacer algo; el mentiroso imagina a todos los demás mintiendo, el ladrón sospechará que tú robas, el tramposo asumirá que tú estás haciendo lo mismo. Esto casi siempre es irrazonable e irracional y puede acabar con una relación tan rápido y con tanta seguridad como cualquier otra cosa.

Los que tienen complejo de mártir dependen del sufrimiento para obtener simpatía y atención. El mártir parece desinteresado, pero la paciencia pronto se convierte en algo tedioso. Aquellos que hablan mucho de sus sacrificios están realmente languideciendo en la autocompasión. A menudo, están poniendo excusas o culpando a otros por la falta de sus propios logros. El mártir nunca se responsabilizará de sí mismo. El que sufre de este complejo suele tener una mentalidad fija, y cree que siempre debe desempeñar ese papel, que es la única manera de salir adelante. Pero a menudo tiene miedo de intentarlo, miedo al fracaso y está atormentado por una falta de confianza en sí mismo y poca confianza en las nociones de cambio o progreso.

Esta persona puede resultar insufrible para su pareja íntima, robando la alegría de su relación para reemplazarla con la culpa y el drama que requiere el complejo de mártir.

El complejo de inferioridad hace que una persona se sienta incapaz de tener éxito o incluso de sobrevivir. Esta persona siente que simplemente no tiene lo necesario y que nunca lo tendrá, que está destinada al fracaso. Y la ley de la profecía autocumplida sugiere que, lamentablemente, tiene razón. Este es un tipo de perfeccionismo puesto de cabeza, llámalo *imperfeccionismo* si quieres. El que sufre este complejo está tan convencido del fracaso, está tan convencido de que el perfeccionismo está tan lejos de él que solo puede ver sus propias imperfecciones, las imperfecciones en su vida y en su futuro.

Las personas que sufren este complejo a menudo sufren depresión, problemas de estilo de vida, y problemas físicos y psicológicos que se extienden por todo el espectro.

La otra cara del complejo de inferioridad es el complejo de superioridad. Esta persona cree que es superior por naturaleza, no inferior. Además de ser perfeccionista, esta persona puede ver todo lo que hace como perfecto. Este complejo es similar al complejo de Dios.

Aquellos con un complejo de culpa se culpan a sí mismos por todo lo que pueda salir mal. Así como los complejos de inferioridad y superioridad están estrechamente asociados, y el complejo de superioridad es un primo cercano del complejo de Dios, el complejo de culpa puede ser difícil de diferenciar del complejo de inferioridad.

El hombre con complejo de Don Juan ve a las mujeres estrictamente como una fuente de placer. Este es un mujeriego sin interés en las relaciones a largo plazo. Estoy seguro de que hay casos de mujeres que sufren este mismo complejo. En realidad, la afección se denomina trastorno hipersexual, a veces llamado adicción al sexo. Estas personas suelen ser emocionalmente distantes, pensadores excesivos y simplemente no son buenos candidatos para una relación monógama.

Por último, está el complejo del héroe, en el que la persona, hombre o mujer, se sitúa en el centro de atención en virtud de sus logros. A menudo, permitiéndose la falsa humildad, la persona con el complejo de héroe se jacta de sus logros (esto es lo que significa el término *humilde alardeo*). Esta persona a menudo tiene una mentalidad fija, ya que se centra en las cualidades del individuo en lugar del resultado final y el bien común. El complejo de héroe no suele ser generoso al compartir el crédito y puede parecer egoísta y de autopromoción, porque lo es. Es probable que la persona con un complejo de héroe no sepa escuchar bien ni sea empática, ya que gran parte de su atención está en sí misma. El complejo de héroe es similar a los complejos de superioridad y de Dios, y en cierto modo al complejo de mártir, que también busca llamar la atención de los demás. De hecho, una mirada más cercana revela que todos estos complejos colocan a la persona en el centro de la acción, desde varios ángulos y de maneras diversas y consistentes.

Cualquiera que sea el complejo o la causa, existe una forma práctica y casi universalmente conocida de llegar al fondo, y eso es algo que debes saber antes de adentrarnos aún más en las causas fundamentales de la comunicación ineficaz en las relaciones.

LOS 5 PORQUÉS

En la década de 1930, el llamado *padre de la revolución industrial japonesa*, y Toyota Industries, necesitaban una forma de hacer que el trabajo en sus fábricas fuera más eficiente. Él desarrolló el ahora famoso sistema de los *5 porqués*. Si algún trabajador se encontrara con un desafío, solo necesitaba preguntar por qué con cinco respuestas consecutivas. Su teoría es que uno nunca está a más de cinco pasos de encontrar la causa raíz de cualquier problema. Luego había que resolver la quinta pregunta.

A continuación, se muestra un ejemplo para facilitar las cosas:

Un trabajador ha llegado tarde al trabajo. La primera pregunta es, "¿Por qué?" Ese es el primer *por qué*.

R (1): "No pude entrar al predio de la fábrica."

P (2): "¿Por qué?"
R (2): "El hombre no quiso abrir la puerta."

P (3): "¿Por qué?"
R (3): "No funcionaba correctamente."

P (4): "¿Por qué?"
R (4): "No se le dio un servicio de mantenimiento de manera adecuada o rápida."

P (5): "¿Por qué?"
R (5): "Porque el país no ha reservado un presupuesto para mantenimiento."

La raíz del problema, reservar dinero del presupuesto para el mantenimiento de las puertas, ahora se puede resolver.

POR QUÉ; LIDIAR CON LAS CAUSAS FUNDAMENTALES | 59

Intentémoslo cuando se trata de algo más contemporáneo y quizás más relevante para ti. Una persona puede preguntarle a otra: "¿Estás molesto, cariño? ¿Por qué?"

R (1): "Estoy deprimido."

P (2): "¿Por qué?"
R (2): "Perdí mi trabajo."

P (3): "¿Por qué?"
R (3): "Mi desempeño era pobre."

P (4): "¿Por qué?"
R (4): "He estado de fiesta últimamente."

P (5): "¿Por qué?"
R (5): "No puedo dejar de beber."

Esta es una técnica asombrosamente efectiva, una que puedes usar en cualquier momento, en el lugar que quieras, y una con la que puedes encontrar la resolución a prácticamente cualquier rompecabezas o dilema. También debería ayudarte a ayudar a tus amigos o socios en crisis.

¿RESPUESTAS EXISTENCIALES?

¿Recuerdas cuando dije que volveríamos al existencialismo? Bueno, aquí estamos. Cualquier filosofía plantea una pregunta: ¿Cuál es la naturaleza del cielo? ¿Cuál es la naturaleza de la humanidad? Cuando se responden estas preguntas, dejan de convertirse en filosofías para convertirse en ciencias (en este caso, astronomía y biología).

Pero la filosofía prominente del siglo XX, el existencialismo, nunca se convertirá en ciencia porque sus preguntas son particulares del individuo: ¿Quién soy yo? ¿Cuál es mi propósito en la vida? Cuando se responden esas preguntas, se pueden asegurar vidas, pero no ciencias. La razón es obvia. A diferencia de la mecánica del Universo o del cuerpo humano, las respuestas a las preguntas existenciales son diferentes para cada persona que pregunta.

El existencialismo nació en el Siglo de las Luces a finales del siglo XIX (*Frankenstein*, de la escritora de la época romántica Mary Shelley es un tomo existencialista temprano). Pero el existencialismo alcanzó la mayoría de edad a mediados del siglo XX como resultado del horror de la Segunda Guerra Mundial. Las crueldades de los campos de concentración alemanes llevaron a muchos a creer que no podría haber un Dios si tales horrores continuaban.

Filósofos existencialistas posteriores, como Kierkegaard, Nietzsche y Sartre, creían que la vida no tenía ningún propósito, por lo que nadie tenía un propósito real. Nacemos, vivimos, tenemos sufrimiento y placer, tal vez nos casamos y procreamos, y morimos. Sin cielo, sin propósito, solo moho adherido a una roca flotando en el frío vacío del espacio.

Unos chicos divertidos.

Pero pocos de nosotros podemos permitirnos ser tan distantes. Tenemos que vivir nuestras vidas ocupadas y encontrar alguna razón para seguir adelante. Pensar que estamos trabajando tan duro por casi nada es más de lo que mucha gente puede soportar. La ansiedad es un síntoma común, al igual que la depresión, el diálogo interno negativo, el pensamiento excesivo y muchos otros comportamientos negativos.

La psicología existencial examina estas conexiones entre la salud mental y la crisis existencial. La investigación en pacientes con una variedad de problemas y trastornos de la personalidad, así como enfermedades terminales como el cáncer, reveló un extraño denominador común. Anhelaban mantener relaciones significativas y verdaderamente enriquecedoras con los demás. En cambio, tendían a utilizar sus relaciones para hacer frente a las ansiedades existenciales.

Las ansiedades existenciales tienden a echar raíces durante la juventud y pueden durar toda la vida. El aislamiento recuerda constantemente a la gente el sufrimiento de que nacieron y morirán solos. Una mentalidad fija y un diálogo interno negativo aseguran al paciente que vivir solo es natural e inevitable. La libertad nos recuerda que estamos desarraigados, desconectados. Los sentimientos de falta de sentido solo se fortalecen con años de búsqueda de un propósito que quizás nunca encontremos simplemente en virtud de nuestra certeza de que el significado y el propósito son ilusorios.

Afortunadamente, ¡tenemos un remedio útil! Usa la técnica de los 5 porqués para alejarte del rompecabezas de la crisis y llegar a la raíz. Usa más de cinco si es necesario, pero si sigues preguntando por qué, que es una pregunta fundamental en el existencialismo, la respuesta simple te llegará poco a poco.

El paciente no puede dormir y tiene ansiedad constante, y el médico pregunta el primer *por qué:*

R (1): "Temo morir solo."

P (2): "¿Por qué?"
R (2): "Porque no puedo encontrar un cónyuge."

P (3): "¿Por qué?"
R (3): "Porque no soy digno de ser amado."

P (4): "¿Por qué?"
R (4): "Porque estoy arruinado."

P (5): "¿Por qué?"
R (5): "Porque la vida no tiene sentido."

¡Y ahí está la solución! Si tu vida no tiene sentido, búscale algún sentido. Sé voluntario en un banco de alimentos y te darás cuenta de que ayudar a los demás es una de las cosas que le da sentido a la vida. Es un trabajo duro y eso te ayudará a dormir, lo que te hará más agradable y te pondrá más en alerta. Y eso te alegrará cuando encuentres a un soltero con ideas afines en el banco de alimentos, que tal vez también estaba buscándole un poco de sentido a su vida.

Mencioné a *Frankenstein* antes, y el mismo plantea un punto interesante. La criatura hace la pregunta existencial de su propia identidad, pero permite que la sociedad lo defina como un monstruo y así se convierte en un monstruo. Él no responde las preguntas existenciales por sí mismo. Pero el existencialismo exige bastante bien que el buscador encuentre una solución antes que la sociedad, o la mente autorrealizada nunca podrá alcanzarse.

Y esto nos lleva a nuestro próximo capítulo, QUIÉN. Puedes pensar que sabes las respuestas a eso, y lo que has aprendido en este libro hasta ahora puede haberte iluminado aún más y enviado a un viaje de autodescubrimiento que cambiará tu vida. ¡Bravo, amigo! Pero conocer la terapia narrativa hará que tu viaje sea mucho más fácil y menos peligroso. Es un avance significativo para casi cualquier persona en crisis mental o emocional, pero es ideal para aplicaciones en el área de las relaciones.

4

QUIÉN; TERAPIA NARRATIVA EN LAS COMUNICACIONES DE PAREJA

Es posible que nunca hayas oído hablar de la terapia narrativa (o cognitiva), ya que es una escuela moderna de tratamiento de salud mental. Utilizo la palabra *narrativa* porque el foco está en la narrativa de la vida de la persona. Las manifestaciones de una persona con respecto a las historias de sus experiencias de vida dan forma a su visión de sí misma en el contexto de esas experiencias, de esa historia, de esa narrativa.

La clave de la terapia narrativa es que las personas tienden a contarse a sí mismas esta historia de sus vidas una y otra vez, reafirmando esa narrativa y su lugar dentro de ella. Es una mentalidad fija que asegura que no es posible ningún cambio.

Las personas pueden verse a sí mismas como unas perdedoras, por ejemplo, después de años de perder cosas importantes en sus vidas: padres, amantes, trabajos, oportunidades. Al responder a la pregunta existencial de identidad y propósito, esta persona ha respondido la pregunta y ha resuelto la respuesta. En su versión de *Frankenstein*, esta persona es la criatura, el desgraciado.

Otros pueden verse a sí mismos como el médico, el joven Víctor. Las mejores intenciones de Víctor crean un conjunto de circunstancias que él mismo no puede controlar. ¿Cuántos de nosotros tenemos ese sentimiento de impotencia, desesperanza, de que fallaremos sin importar lo que hagamos? Esta es una reminiscencia del complejo de mártir y de los complejos de inferioridad y superioridad y, a su manera, también del complejo de Dios.

Algunos pueden verse a sí mismos como la prometida de Víctor, Elizabeth, una víctima de abuso masculino que la ha hecho fea, miserable, digna de muerte.

No es que todo el mundo se vea a sí mismo a través del prisma de esta historia en particular. Todos tienen su propia historia en la que son el personaje central. La gran obra *David Copperfield* de Charles Dickens comienza: *Si llegaré a ser el héroe de mi propia vida, o si esa posición será ocupada por alguien más, estas páginas deben mostrarlo.* A veces somos los villanos de nuestras vidas, a veces los tontos.

Pero este papel no está prescrito, ni siquiera por el patrón de las propias experiencias. Una persona de mente fija tenderá a ver el patrón como determinante del futuro, una visión fatalista que abandona la responsabilidad. Una persona con mentalidad de crecimiento ve la narrativa como algo fluido, el rol sujeto a interpretación, que el fracaso puede conducir al éxito.

En pocas palabras, una persona no solo puede cambiar su papel en el medio de la historia de su vida de tonto a héroe, sino que puede reescribir toda la narrativa para cambiar el personaje desde el principio. Cambiar la narrativa cambia el rol y eso cambia la perspectiva y eso cambia la vida.

Desarrollada por Michael White y David Epston en la década de 1980, la terapia narrativa separa a una persona de su comportamiento. De esta manera una persona que cometió un delito puede identificarse como una persona que cometió un error, no como un delincuente y, por lo tanto, indigno de una vida normal y feliz.

Este modelo terapéutico presenta tres protocolos conceptuales principales. Es respetuoso, trata a los clientes como individuos y no como la suma de sus errores. El enfoque también es de carácter no culpable, se centra en los factores externos y la influencia de las circunstancias y desvía cualquier sentido de culpa o vergüenza contra el cliente. Por último, la terapia narrativa ve al cliente como un experto. En la terapia narrativa, el sujeto llega a las conclusiones a través de una serie de respuestas. El cliente nunca es instruido ni analizado; el mismo es guiado para descubrir estas cosas por sí mismo.

Ahora bien, ¿no se beneficiaría tu próximo conflicto emocional o íntimo con solo ese párrafo? Vale la pena el precio de la admisión. ¡Pero hay más!

La terapia narrativa distingue un individuo que tiene problemas de un individuo que es problemático. Es una diferencia importante, porque una persona con problemas puede corregir esos problemas, se pueden cambiar. El individuo problemático no puede ser cambiado.

Así es como la terapia narrativa mantiene el enfoque en la diferencia entre el problema y la persona.

Nuestras interacciones con los demás impactan la forma en que experimentamos la realidad. Esa realidad se comunica e influye en el lenguaje. En realidad, los diferentes idiomas pueden influir en diferentes interpretaciones de los mismos eventos o experiencias. Las historias y la narrativa nos ayudan a comprender la realidad y nuestro lugar en ella, respondiendo a las preguntas existenciales básicas.

La terapia narrativa se centra en realidades subjetivas. En lugar de una realidad o verdad objetiva, aquí la verdad es interpretativa. Y se acepta que una persona pueda interpretar un evento de una forma y otra persona pueda interpretarlo de otra.

Es similar al posmodernismo, una escuela de pensamiento que sostiene que no hay una verdad objetiva, que la realidad está cambiando, moviéndose, que es un concepto personal en lugar de un conjunto compartido de hechos. Las normas y los hechos tienen su lugar, pero son más influyentes que causales.

Entonces, la terapia narrativa ve a los individuos en un contexto posmoderno. No existe una realidad universal, la verdad pertenece al individuo, que crea su propia realidad. Y, para que nadie sufra el triste destino de la criatura de Frankenstein, esa persona debe construir esa realidad, o permitir el dolor de dejar que alguien más la construya y así sufrir las consecuencias.

La terapia narrativa proporciona estas mismas habilidades para volver a contar una historia.

TÉCNICAS COMUNES DE TERAPIA NARRATIVA

El primer paso es contar la historia armando una narrativa. La terapia busca ayudar al cliente a encontrar su voz para contar su propia historia (o este podrías ser tú). Contar historias es la forma en que una persona puede encontrar significado y propósito a partir de experiencias personales.

La historia puede necesitar orientación a través de preguntas para que la persona descubra por sí misma el significado y la curación para recrear una nueva identidad y remodelar la narrativa. Una narración puede modificarse, invertirse o reescribirse por completo. La interpretación puede crear innumerables narrativas a partir de una sola narración, como vimos con *Frankenstein*.

El segundo paso es la *técnica de externalización*, que separa los problemas cuestionables o incluso los comportamientos en torno al cliente del cliente en sí. El problema no es la persona. Y es más fácil cambiar lo que haces que lo que eres. Entonces, separa ambas cosas y arregla lo que sea más fácil primero. Es más fácil cambiar tu comportamiento que tus sentimientos, ya lo hemos visto. Aquí es lo mismo.

Si te enojas rápidamente, por ejemplo, ese es tu comportamiento. Si te ves a ti mismo como una persona enojada, eso ya es otra cosa. Aprende a no ser tan temperamental, cambia tu comportamiento y cambiarás tu identidad como persona temperamental. Cambia el comportamiento, cambia tu personalidad.

Todo suena muy teórico, pero realmente funciona. Veamos algunas otras técnicas de aplicación de la terapia narrativa, y luego pasaremos al aspecto de comunicación emocional de todo en sí.

La tercera técnica es la *técnica de deconstrucción*, que deconstruye un problema para reducirlo a partes insignificantes. Es otra forma de dividir una gran tarea en tareas más pequeñas, una técnica clásica para una variedad de aplicaciones. También le da a casi cualquier persona la oportunidad de ver el panorama más amplio, como ver el bosque en lugar de los árboles.

La deconstrucción puede reducir la generalización excesiva y hacer que un problema sea más específico y fácil de manejar mientras se aclaran los problemas centrales. Realmente puedes llevarlo al núcleo de casi cualquier problema, y funciona bien si es integrado con la técnica de los 5 porqués, que puede ser útil aquí, como lo es en tantas ocasiones.

La *técnica de resultados únicos* es la forma en la que uno cambia su propia historia. Es una forma de replantear tus experiencias, que no puedes cambiar, en una interpretación diferente, que sí puedes cambiar. Puedes convertir una pesadilla viviente en una historia de supervivencia que afirma la vida, puedes pasar de víctima a héroe, simplemente ajustando la perspectiva aunque sea un poco. Y es más que un simple pensamiento positivo, es cambiar toda la cosmovisión. No es evitar el problema, es reinventarlo.

Y esta técnica también puede incluir múltiples historias para nosotros y para otras personas involucradas en nuestras historias. Recuerda, no hay una verdad objetiva en esta escuela de pensamiento y eso deja mucho espacio para la verdad subjetiva. Y un desastre en una narrativa puede parecer insignificante en otra narrativa, por lo que las posibilidades de este enfoque son amplias, si no infinitas.

Apuesto a que pensaste que el existencialismo sería la última gran técnica de la terapia narrativa. El mismo vuelve a plantear las preguntas de identidad y propósito, permitiendo que el cliente (o tu amigo o tú mismo) cambie de opinión sobre quién es y responda de una manera diferente, una manera que moldeará su vida de manera positiva y no negativa.

Aquí hay un excelente ejercicio de terapia narrativa que tú o cualquier otra persona puede hacer. Puede que sea extremadamente útil y hasta un poco divertido.

Imagina que estás escribiendo la historia de tu vida. Esto te ayudará a separarte de los eventos de tu pasado y te brindará una perspectiva más amplia de esas experiencias y de tu vida en su conjunto. Ahora haz la tabla de contenido: siete capítulos que resumen las principales épocas de tu vida. Luego, crea al menos un subtítulo o una frase que describa de qué trata el capítulo. ¡Puedes usar este libro como ejemplo!

Podrías escribir algo como:

- CAPÍTULO UNO: *Era un llorón* - Les di a mis padres un sinfín de problemas en mis primeros años.
- CAPÍTULO DOS: *Angustia preescolar* - Siempre estaba triste en la escuela, nunca sentí que les agradaba a los otros niños.
- CAPÍTULO TRES: *Demasiado poco elegante para la*

escuela secundaria - Lo mismo, pero fue mucho peor a medida que los niños se volvieron más maduros y mucho más malos también.

- Y así.
- Por último, haz que el último capítulo sea el capítulo de tu futuro, lo que esperas que sea tu nueva narrativa. Debería ser algo como:
- CAPÍTULO OCHO: *Un mañana más brillante* - Las cosas cambiaron cuando comprendí que no soy la persona que pensaba que era.
- CAPÍTULO OCHO: *Triunfo definitivo* - Cuando miré hacia atrás, me di cuenta de que no era una víctima, ¡sino un superviviente!
- CAPÍTULO OCHO: *La tortuga gana la carrera* - Nunca fue fácil, pero nunca me dejé vencer, hasta que finalmente...
- *No* debería ser algo como:
- CAPÍTULO OCHO: *Un final misericordioso* - Finalmente me di por vencido, me arrastré y morí.
- CAPÍTULO OCHO: *Supongo que me lo merecía* - Contraje una enfermedad terrible y morí solo.

Las artes expresivas son la tercera técnica principal de la terapia narrativa. Todos tenemos diferentes formas de expresarnos. Algunas personas son visuales, otras están orientadas al sonido. La pintura y la escultura funcionan de la misma manera, o incluso la danza interpretativa. Esta técnica funciona muy bien con los niños, pero también podría funcionar muy bien con compañeros íntimos, ya que proporciona prácticas divertidas e interactivas. Es bien sabido que el arte tiene energía positiva y varios poderes terapéuticos.

El yoga y la meditación son excelentes actividades compartidas y privadas que pueden ayudar a cualquier persona a redefinirse y cambiar su narrativa.

La visualización es una técnica poderosa. Imagina la nueva narrativa, el nuevo personaje, el nuevo futuro. Escríbelo en tu mente o en un tablero de visión. Esa es otra actividad compartida divertida para dibujar o mantener unida a una pareja. ¡Asegúrate de incluir a tu pareja en tu tablero de visión!

Entonces, ¿cómo se utiliza la terapia narrativa? Intenta estimular respuestas con algunas preguntas como estas: "Parece que este problema podría ser parte de tu vida. ¿Cuánto tiempo has notado que esto viene ocurriendo? ¿Qué efecto tiene en ti y en tu vida? ¿Esto afecta tu energía o te distrae de tus deberes diarios? ¿Esto tiene un impacto en tu vida diaria? ¿Afecta la vida de tu hijo o la de tu pareja?"

Recuerda diferenciar el problema de la persona con preguntas como "¿Aceptas el efecto de este problema? Si es así, ¿por qué? ¿Si no, por qué no? ¿Por qué tomas esa posición?"

Recuerda mantener un avance hacia una nueva narrativa y un nuevo futuro con preguntas como, "¿Qué preferirías? ¿Cómo reorganizarías las cosas si pudieras? ¿Qué crees que podrías hacer para reorganizar estas cosas para que sean como prefieres?"

Por lo tanto, cuando hables con tu pareja íntima, con tu pareja romántica o con cualquiera, siempre puedes iniciar una conversación de este tipo de esta manera (o algo parecido):

"¿Recuerdas la última vez que esto no fue un problema? ¿Cómo se sentía eso? ¿Qué pasó en ese momento, en esos primeros minutos, y qué pasó después de eso?"

Luego pasa del pasado al futuro, hazlo constructivo. *"¿Quieres más momentos como ese? ¿Qué podemos hacer para recrear esas cosas ahora? ¿Cómo te sentirías si hiciéramos esas cosas?"*

Se trata de otro tipo de visualización del futuro, una técnica que ya hemos visto como poderosa y motivadora.

Pero, ¿cómo puedes usar todo esto en tus propias relaciones íntimas? Es realmente más simple de lo que parece. ¿Tu pareja es infiel todo el tiempo? En lugar de acusar o confrontar, adopta las técnicas de terapia narrativa de no culpar y separar a la persona del hecho. Tu pareja no es un infiel en serie, sino una persona que toma la misma mala decisión una y otra vez. ¿Cuáles son las razones de este comportamiento? Quizás existan desencadenantes que puedan evitarse con una ligera alteración del comportamiento. ¿Qué sentimientos inspiran estos comportamientos en tu pareja? ¿Puede tu pareja imaginar un conjunto diferente de circunstancias que podrían crear una inspiración diferente y, por lo tanto, cambiar su propio comportamiento? ¿Te imaginas algo más que pueda darte la misma sensación? ¿Cómo te ves tú o como se ve tu pareja en esa circunstancia, cuando te está siendo infiel? ¿Cómo se ve tu pareja a sí misma? ¿Es así como quiere sentirse? ¿Quiere cambiar la circunstancia para poder sentirse diferente?

El cliente es experto y con la orientación adecuada puede encontrar las respuestas.

Pero es tan importante hacerte a ti mismo estas preguntas como a cualquier otra persona. Puedes estar atrapado en una narrativa que te restringe. Recuerda que en la terapia narrativa no se trata de culpar, sino de aceptar una responsabilidad razonable y estar dispuesto a actuar en consecuencia y hacer los cambios necesarios de manera proactiva.

TERAPIA NARRATIVA Y PAREJAS

Ya hemos visto cómo la terapia narrativa nos permite reconsiderar nuestras historias de vida y nuestros lugares en ese contexto. Nos permite separar a la persona del problema y eso ayuda a aclarar muchos problemas tanto para las personas como para las parejas.

Las parejas tienden a ver sus problemas como parte de su identidad como pareja. Los problemas se interiorizan dentro de la *pareja*, por así decirlo. Una persona puede creer que los problemas en su vida provienen de adentro y son endémicos *("soy un criminal")* en lugar de externos *("soy una persona que ha cometido errores")*. Una persona puede llegar a sentir lo mismo sobre su pareja *("Somos una mala pareja"* en lugar de *"somos buenas personas con algunos problemas de relación")*.

En la situación de una pareja, se aplican muchas de las mismas técnicas. Los problemas deben externalizarse, separarse de la identidad de los clientes. Incluso los comportamientos deben externalizarse, porque los comportamientos se pueden cambiar.

Algunos comportamientos surgen como resultado de choques de personalidades. Ambas personalidades pueden ser del tipo gerente y se están administrando en exceso entre sí. Uno puede tener un complejo que choca con el complejo del otro. En cualquier caso, esos enfrentamientos pueden externalizarse.

Un truco que cualquiera puede usar es identificar estos problemas y luego llamarlos por un nombre. Puede ser cualquier cosa, desde La Bestia hasta el Príncipe Alberto, realmente no importa. El punto es que esto hace que el problema se separe del cliente.

Las preguntas son vitales para una pareja. Una vez ambos separados de los problemas, deben permanecer unidos como pareja para resolver esos problemas. Pueden preguntar: "¿Cómo podemos cambiar nuestro comportamiento para resolver este problema? ¿Qué tipo de necesidad o deseo estamos viendo?"

La culpa, la crítica, la actitud defensiva y la mentalidad cerrada suelen ser problemas entre parejas, pero la externalización y el cuestionamiento pueden ayudar. Puedes intentar algo como: "¿Está tu ansiedad enraizada en problemas de confianza entre nosotros? ¿Cómo la crítica daña nuestra relación? ¿La culpa está amenazando nuestros sueños compartidos? ¿Deberíamos escucharnos más el uno al otro? "

Ahora que hemos profundizado en el *Qué* de la comunicación entre las parejas, es hora de pasar al Dónde y al Cuándo, ambos cruciales para ser considerados con mayor profundidad.

5

CUÁNDO; RECONOCIENDO EL PUNTO DE CRISIS Y EL PUNTO DE RUPTURA

Cada relación tiene pequeños baches en el camino, cada *vida* los tiene. Entonces, juntar a dos personas para compartir una vida es, en realidad, una cuestión de poner el doble de obstáculos en un solo camino compartido.

Y en cada caso, la persona o la pareja pueden simplemente ignorar estas cosas. Pueden decir: "Claro, bebo un poco" o "A veces tenemos conflictos". Y esas cosas son aceptables con moderación. Pero ¿cuándo estos comportamientos se convierten en un problema que hay que abordar?

Por supuesto, lo mejor es comenzar con una línea de comunicación abierta desde el principio. Es mejor no dejar que se acumulen resentimientos silenciosos, no usar nunca un lenguaje culposo o ser abiertamente confrontativo. Y todos entramos en nuestras relaciones creyendo que este será el caso.

Pero si lo fuera, no estarías leyendo esto ahora mismo.

Es posible que estés a punto de comenzar un nuevo romance y quieras comenzar con buen pie. ¡Excelente! Todo lo que hay en este libro te ayudará. Quizás estás en un período entre relaciones y estás decidido a no caer en los mismos ciclos la próxima vez. ¡También es excelente! Ten una mentalidad de crecimiento y utiliza esta información para avanzar hacia tus éxitos futuros.

También es bastante probable que estés en una relación en este momento y que estés esperando urgentemente poder rescatarla. Excelente. Este libro puede ayudarte a hacer precisamente eso.

Pero, ¿cómo saber si te encuentras en ese punto de crisis? Nadie quiere cumplir el rol de la persona a la que le preocupa tanto tener una mala relación que promulga una profecía autocumplida y termina creando una mala relación a partir de una buena. Por otro lado, si te quedas quieto y ves cómo tu relación se arruina, es tanto tu culpa como la de tu pareja por no haber actuado en su debido momento.

¿Y cuándo *es* eso?

EL PUNTO DE CRISIS

Un abuso de confianza no es algo que puedas ignorar. Puede tratarse de algo importante, como ser infiel, o algo como divulgar un secreto o humillar a tu pareja en público. También podría ser una cuestión de dinero. Una parte confía a otra la custodia de estas cosas, y la violación de esa confianza debe ser tratada.

Por un lado, es un comportamiento muy atroz y no solo continuará, sino que empeorará si se deja sin control. Más dinero desaparecerá, más humillaciones públicas ahuyentarán a parejas y también amigos.

Por otro lado, tales cosas causan un resentimiento profundamente arraigado que seguramente será corrosivo para la relación. Esto no es un bache en el camino, es un sumidero.

Las discusiones frecuentes son una mala señal. Por supuesto, las parejas no están de acuerdo en todo e incluso pueden estallar de vez en cuando. Pero si las discusiones se han convertido en algo habitual, esto debe ser tratado. Si sigues las instrucciones de este libro, por supuesto, nunca más tendrás que volver a discutir. Pero hay que abordar los constantes enfrentamientos. No es saludable y la comunicación no está siendo clara.

De hecho, no tener una comunicación clara en sí misma es una mala señal. El conflicto manifestado no es siempre el problema. A veces, la gente simplemente se apaga y luego se cierra. Cuando se le pregunta, todo está bien. Pero no es así, y solo empeorará. Para complicar esto, algunas personas se cierran, consciente o inconscientemente, porque se están auto-saboteando y creando una profecía autocumplida. Estas personas no se comunican y luego se quejan de que no hay comunicación.

Puede que lo estés haciendo tú mismo o tu pareja. Considera lo que podría estar haciendo uno de ustedes para alentar al otro a seguir este camino destructivo y cómo pueden cambiar su comportamiento para cambiar de rumbo.

Puede que sea una cuestión de que algo anda mal, pero no puedes saber qué es. Eso pasa mucho. Las personas son complicadas y a menudo emocionales hasta el punto de no ser racionales. Generalmente son resistentes al cambio o al compromiso, albergan todo tipo de complejos y exhiben un espectro de comportamientos negativos.

En la línea de la falta de comunicación, puede haber algo que quieras que tu pareja sepa, pero no puedes decidirte a decirlo. Tal vez te preocupe su reacción, tal vez no estés seguro de si tienes razón al mencionar el tema.

Oye, pasa.

¿Has descubierto si es una necesidad o un deseo? ¿Qué tipo de necesidad, qué tipo de deseo? ¿Es un deseo natural o un deseo antinatural? Esas y otras técnicas analíticas de este libro deberían ayudarte a resolverlo. Pero si estás luchando con eso, definitivamente hay un problema de comunicación en algún punto de la línea. Descubrir dónde está ese bloqueo será tu verdadero desafío.

Si uno o ambos se vuelven disfuncionales cuando tienen un conflicto, es un gran problema. Los conflictos surgen, por supuesto. Pero si uno, el otro o ambos comienzan a gritar, beber, tirar cosas, dar portazos y cerrarse, esa disfunción debe abordarse. Probablemente sea un problema más arraigado que el tema de discusión actual.

Las crisis que cambian vidas pueden crear una brecha entre parejas que debe abordarse. La muerte de miembros de la familia, la pérdida de trabajo o carrera, enfermedades, entre otras cosas, pueden llevar a una persona a tener una mentalidad diferente. Una persona que antes tenía una mentalidad de crecimiento puede volverse fija frente al dolor de una pérdida devastadora. Esta persona puede volver a adoptar una mentalidad de crecimiento o mantener la mentalidad fija, eso dependerá de ella. Pero una gran pérdida puede crear cambios sorprendentes en la perspectiva y el comportamiento.

¿Has sufrido tú o tu pareja una pérdida devastadora? Ten esto en cuenta al evaluar su comportamiento o el tuyo. Haz concesiones, pero no permitas que esos cambios se vuelvan permanentes. Las personas a menudo caen en estos patrones si no se corrigen, mientras que otras temen ser reprendidas si no son delicadas durante los momentos de gran pérdida. Es arriesgado, y un error podría hacer de la caída algo fatal.

Si sientes que estás atrapado en patrones de comportamiento dañino o negativo, puede que sea el momento de hablar. ¿Estás encerrado en un ciclo de fiesta que te está agotando? ¿Te encuentras participando en el diálogo interno negativo más de lo que solías hacerlo? Estos patrones tienen todo tipo de ramificaciones y consecuencias y pueden llevarlos a ambos por mal camino, como individuos y como pareja. Eso es algo de lo que deberías hablar.

Si hay una caída severa en tu intimidad emocional, ese es un problema que debe abordarse. Claro, ninguna pareja se queda en el período de luna de miel para siempre, eso es algo bastante justo. Pero también puede haber un abismo repentino que puede abrirse entre dos personas que están en una relación.

Podría deberse a algo físico, como el aumento de peso. Pero puede que no sea porque a uno le repugne el aumento de peso del otro, sino que puede suceder que la persona que está subiendo de peso se sienta repentinamente cohibida y aprensiva. O podría deberse a una atracción por una tercera persona, o a una gran cantidad de cosas. Pero la intimidad emocional es crucial para una relación romántica sana y no es probable que la misma sobreviva sin ella. No dejes que este tema vaya demasiado lejos sin abordarlo.

En la misma línea (y probablemente en conexión directa) puede haber una disminución de la intimidad física. Estas cosas funcionan juntas, y la pérdida de una seguramente conducirá a la pérdida de la otra, y si pierdes las dos, tu relación está en peligro de muerte. La intimidad física, como hemos visto, es lo que hace que una relación íntima sea tan especial. Es eso que reservas solo para tu pareja. Puedes compartir tu encanto o tu experiencia o tu gracia, pero no tu intimidad física. Por eso tiene un valor especial. Por eso la infidelidad es tan dolorosa, porque destruye lo más singular y exclusivo del otro. La cantidad de confianza, cuya importancia ya hemos comentado, es mayor cuando el riesgo es mayor, y la intimidad física implica uno de los mayores riesgos que puede correr un individuo en la sociedad.

Cuando la intimidad física se desvanece, crea inseguridades, sentimientos de rechazo que hace que las personas sean protectoras de su vulnerabilidad para cerrarse aún más. Esa espiral descendente es el punto muerto de cualquier relación íntima.

RECONOCIENDO LOS PUNTOS DE RUPTURA

Estamos aquí para ayudarte a rescatar, administrar o crear una relación íntima. Y vamos a seguir intentándolo. La segunda sección de este libro está repleta de ejercicios y listas de cosas que hacer para vincularte o volver a vincularte con tu pareja o futuras parejas. ¡Puedes divertirte haciendo estos ejercicios solo!

Hablaremos de formas de identificar y abordar los puntos de crisis.

Pero por un momento, tenemos que echar un vistazo a lo que sucede cuando una relación simplemente no funciona. Del mismo modo que debes saber cuándo tomar una posición, cuando es importante esforzarte para salvar una relación, también debes saber cuándo alejarte e invertir tus energías y pasiones en otra parte.

Entonces, pasemos de los puntos de crisis a los puntos de ruptura.

EL PUNTO DE RUPTURA

En primer lugar, si lo has intentado y lo has intentado, has utilizado todas las técnicas de este libro, tal vez incluso hayas ido a terapia y aun así no haya habido un progreso real, tal vez sea el momento de seguir adelante. No se puede colocar una clavija cuadrada en un agujero redondo, por mucho que lo intentes.

Hablamos de parejas abusivas, que crean relaciones abusivas. Hay varios tipos de abuso, incluido el físico, sexual, psicológico y verbal. El ciclo básico del abuso incluye amabilidad, ira, abuso y contrición. Las cosas empiezan bastante bien (amabilidad), luego alguien se resiente y quizás se emborracha (ira), luego se desquita (abuso) y luego suplica perdón (contrición). Una vez perdonadas, estas personas son amistosas por un tiempo, luego se vuelven a enojar, luego abusan y, por supuesto, el estar arrepentidas les da licencia para repetir el ciclo.

Si eres el perpetrador de este ciclo, eres un abusador. Tu pareja no puede ayudarte y lo mejor que puedo hacer es hacerte tomar consciencia de lo que estás haciendo. Busca ayuda seria de un terapeuta. Si eres víctima de este ciclo, sal. Es cierto que este abusador con el que estás puede, en última instancia, encontrar una buena atención y convertirse en una mejor persona, pero es más que probable que no sea el caso. Y no debes pasar tu vida sufriendo bajo el abuso ni debes legitimar el abuso haciendo el papel de víctima. Además, tu partida puede ser lo único que perturbe al abusador lo suficiente como para convencerlo de que obtenga la ayuda que necesita. Por tu bien y el de tu pareja, sal de una relación abusiva tan pronto y tan rápido como puedas.

Si sabes en tu corazón que simplemente la relación no tiene futuro, entonces ¿por qué estás luchando? Si sabes que no quieres casarte con la persona, que nunca tendrás hijos con ella, si sabes que te ama y tú eres simplemente ambivalente, entonces no le haces ningún favor a ninguno de los dos. Solo se están haciendo miserables el uno al otro y están perdiéndose de encontrar mejores relaciones con parejas más adecuadas. Además, cuanto más tiempo te quedas con alguien que sabes que dejarás, más te estás aprovechando de él o ella, explotándolo/a para lo que sea que tenga para ofrecer mientras esperas a que llegue la siguiente persona adecuada. Mirando en retrospectiva, tu pareja seguramente se sentirá engañada y abusada. Como dicen, *cuando lo sabes, tienes que irte.*

Las diferencias de valores y creencias también pueden ser insuperables. Es posible que hayas pensado que esas diferencias religiosas no serían un problema, pero pueden surgir una y otra vez. Algunas personalidades simplemente chocan. Un hippie que abraza a los árboles y un tiburón corporativo pueden simplemente ser una combinación perdida.

Si una persona parece no hacer ningún esfuerzo, o si hace apenas lo mínimo indispensable, entonces este puede ser un problema que no se puede resolver. Tienes que querer una relación, valorarla, ambas partes tienen que hacer esto. Si una de las partes no lo hace, es posible que nunca lo haga. Podría ser que esta persona no puede evitarlo. Algunas personas simplemente no pueden acceder a esa parte de sí mismas. Otros están heridos o simplemente desinteresados. Poco importa. Podría ser que la persona sea narcisista y realmente solo esté interesada en ella misma. No podrás cambiar estas cosas, ni siquiera con las técnicas de este libro. También podría ser, francamente, que no le gustes tanto.

Si tu pareja tiene una adicción, puede que sea hora de rendirte y salir. Las adicciones son señales de alerta de otros complejos graves y trastornos de la personalidad. Las mismas crean un comportamiento inestable y violento. Las adicciones también pueden ser adictivas, y si tú mismo tienes inclinaciones adictivas, puedes terminar cayendo en malos comportamientos que te has esforzado por evitar. Y al igual que con algunas otras cosas que hemos discutido en este capítulo, tu partida puede ser el impulso para que tu pareja obtenga la ayuda profesional que puede necesitar desesperadamente.

Es posible que tu pareja no llegue a ser narcisista, pero también puede ocurrir que se priorice por encima de ti. ¿Siempre están sus amigos durante su tiempo juntos? ¿Siempre hacen las actividades favoritas de él o ella? ¿Sientes que tus intereses son ignorados? Es posible que puedas resolver esto a través de una comunicación clara, pero también podría ser que tu pareja esté inconscientemente tratando de alejarte y terminar la relación de una manera indirecta y pasiva/agresiva. ¿No es mejor tomar una posición y simplemente irte en lugar de ser subvertido?

Hemos hablado de lo importante que es la intimidad física en una relación íntima. Y esto puede evolucionar, puede tener subidas y bajadas. Pero hay algunas cosas que simplemente no se pueden solucionar. Algunas personas simplemente no se sienten atraídas por sus parejas. Lo intentan, pueden convencerse a sí mismas de que efectivamente se sienten atraídas, pero existe una cierta atracción química entre los amantes que no puede ser reemplazada ni fabricada. Uno puede pensar que se acostumbrará al otro, pero no es así como funciona. Es una gran parte de la espiral de muerte de casi cualquier relación.

También está la cuestión del gusto sexual. Entre los amantes de cualquier género o identificación, la sexualidad es una parte compleja de la vida, tanto interna como externa. Y el espectro de fetiches sexuales es vasto y amplio y parece serlo cada día más. Entonces, es realmente posible que dos personas dominantes se hayan encontrado y que una tenga un fetiche o una fantasía que la otra simplemente no puede satisfacer o no satisfará. Es posible que uno mismo tenga deseos que no puede aceptar o expresar. Como hemos visto, no podemos evitar lo que queremos, solo lo que hacemos. Entonces, si la otra persona simplemente no puede darnos lo que queremos, o no podemos dar a nuestra pareja lo que ella quiere, al menos podemos controlar lo que hacemos y simplemente tomar la decisión de irnos.

Los problemas de confianza pueden ser tu perdición. Consideramos la confianza como una señal de alerta para acercarnos unos a otros con miras a una comunicación clara. Pero incluso después de eso, el comportamiento puede continuar. Si una persona es infiel repetidas veces o incluso es un ladrón, entonces tiene problemas profundamente arraigados a los que tú no puedes llegar y a los que tampoco se espera que intentes llegar. Deja que la otra persona se encargue de resolver esto y comienza a practicar un cuidado personal serio.

Si sus familias en común no se llevan bien, eso también podría ser un problema grave. Olvídate de la suegra gruñona y criticona de comedias, aquí el problema recae, por ejemplo, en un niño que rechaza a una pareja. O podrían ser diferencias culturales radicales las que hacen que la interacción familiar sea simplemente imposible.

También podría ser que tu pareja sea un *separador*, un término para una pareja que busca separar a un individuo de su otra familia y amigos. Esto sucede a menudo con personas que tienen dinero o recursos, y lo que busca la pareja es obtener el control de esos recursos. Uno por uno, los miembros de la familia se quedan en el camino. Sus intentos más agresivos son reprendidos más agresivamente. Se interponen demandas. Se firman documentos de poder. Ocurre en muchas familias y realmente no hay forma de detenerlo. Puedes exigir que tu madre y tus hermanos vuelvan a casa, pero los separadores son inteligentes y tratarán de convencerte de que ellos son malos para ti, que solo él o ella está realmente de tu lado. Por supuesto, tu pareja está en un solo lado: el suyo. Aprende a reconocer esta situación desde el principio, y si no puedes evitar que el patrón vuelva a repetirse, toma lo que todavía tienes y vete... o deja a tu pareja en la vereda y dale lo que realmente se merece: nada.

Algunos de los otros comportamientos que hemos mencionado pueden ser más que puntos de crisis y volverse puntos de ruptura. Entre estos están el abuso de confianza, la falta de intimidad física o emocional y la falta de comunicación.

6

DÓNDE; RECONSIDERANDO TU ENTORNO

Ya hemos analizado el impacto que puede tener un entorno en un individuo. El entorno refleja e influye en el estado de ánimo. Es aún más particular con las parejas, porque son dos personas las que se habrían acostumbrado a sus propios entornos. Así como un sindicato es como poner más baches en la misma carretera. Así como aparcar dos coches en un garaje de un solo coche.

Hemos hablado de soluciones para luchar contra las sensaciones de estar saturados o "asfixiados". Las áreas privadas, las salidas nocturnas con amigos e incluso las vacaciones por separado pueden ser una excelente manera de cambiar el entorno para afectar los sentimientos y el comportamiento. La ausencia hace crecer el cariño.

Pero hay mucho más que eso.

Puedes pensar en un apartamento más grande, por ejemplo, si así es como vives. Es posible que el entorno que compartes no se pueda remodelar para hacer más espacio. Mudarse es un gran paso, pero podría ser bueno.

Sin embargo, mudarse puede desencadenar ciertos sentimientos. Es un punto de inflexión importante y puede generar preguntas e inseguridades sobre el futuro. Una gran decisión puede llevar a la mente de cualquiera de los dos a considerar otras opciones, y no son las opciones que mantendrán viva la relación. Si una parte es dueña de la propiedad y la otra, la parte conviviente, quiere vender y comprar otra cosa, pueden surgir complicaciones legales. Esto también puede poner en tela de juicio las perspectivas potencialmente amenazadoras si lo anterior se logra. También puede parecer legalmente invasivo que una persona esté vendiendo la pequeña casa o condominio de la otra, digamos, para gastar ese dinero de la manera que más le convenga. Y si están casados y realmente quieren permanecer juntos y mudarse a una propiedad más grande, es posible que simplemente no puedan hacerlo, siempre dependiendo de la economía, el mercado de inmuebles y las tasas de interés.

Dinero, ¿verdad?

Por lo tanto, es posible que tu entorno no sea tan fácil de cambiar como quisieras. Aun así, esto puede tener un efecto poderoso en tu relación. Si vives en una ciudad estresante, ese estrés seguramente infectará tus interacciones personales. Si tu trabajo requiere que estés en la ciudad y no puedes o simplemente no quieres ir a los suburbios o pasar un año en Ecuador por poco dinero, tus opciones son limitadas.

¿O no?

La oficina o el lugar de trabajo son cuestiones importantes cuando nos referimos al *dónde* de las relaciones románticas.

La mayoría de las personas, en circunstancias normales, pasan un tercio de su día trabajando con otras personas. Es fácil formar amistades e incluso relaciones románticas en esas circunstancias. Las oficinas de Relaciones Humanas de varias empresas están diseñadas para hacer frente a ese hecho común.

¿Cómo puede afectar este entorno tu relación? Si tu relación se creó en el lugar de trabajo, podría tener todo tipo de complicaciones. Si la relación va mal, el crisol de la oficina mantendrá la proximidad estrecha y las tensiones altas. Esta situación podría dar lugar a la pérdida del empleo, el fracaso de la carrera, una espiral descendente que podría resultar fácilmente en depresión, abuso, mala salud, suicidio y muerte. También podría haber ramificaciones legales, demandas por acoso e incluso cosas peores.

Si estás comprometido, casado o en una relación monógama y comienzas a coquetear con alguien en el lugar de trabajo puede haber complicaciones. Incluso si no es así, los celos pueden surgir de presuposiciones.

Los compañeros de trabajo también pueden sentirse ofendidos por un romance en el lugar de trabajo. Se pueden poner en duda los ascensos y pueden aparecer otros resentimientos.

Aun así, estos romances ocurren y no siempre son destructivos. Pero hay que entrar con cautela y razón a esta vertiginosa pasión. Tienes que ser consciente del *dónde* aquí más que en cualquier otro lugar.

Pero no vivimos en el lugar de trabajo.

¿Qué otros entornos pueden crear romance, ya sea deseado o no deseado?

Las visitas familiares son un cambio de ambiente que puede tener una fuerte influencia en una pareja. Ir a la casa de un familiar u otro puede generar problemas de inseguridad y una actitud defensiva. Las familias no siempre comparten el afecto que las parejas demuestran, y cosas como el complejo de Edipo/Electra pueden salir a la superficie. Las disputas estallan bajo esas presiones, al igual que comportamientos de cierre.

Por lo tanto, ten cuidado cuando te encuentres en esos entornos. Asegúrense el uno al otro de que están ahí el uno para el otro, no para el resto. Recuerda al otro y a ti mismo que se aman más de lo que aman a los demás... si es así, claro está. Si no es así, ese es un tema diferente. Después de todo, los novios y las novias pueden ir y venir, pero los hermanos son para toda la vida, eso es cierto. Pero no vives con tus hermanos a tu edad adulta (con suerte) y es muy posible que vivas con tu pareja romántica o cónyuge (con suerte). Ten esto en cuenta y no permitas que un cambio de entorno de tres días dañe una relación de tres años.

Las vacaciones son un gran detonante de la actividad sexual. Y eso tiene sentido, ya que todo lo relacionado con el marketing del turismo y la hostelería está orientado hacia un ideal romántico. Los comerciales de cruceros, complejos turísticos y casinos prometen la perfección romántica. Estamos entrenados para pensar en las grandes vacaciones como indulgencias de libertinaje que cambian la vida (¿Te suena el *spring break*?)

La gente a veces se va de vacaciones románticas para reavivar un romance menguante o para encontrar un nuevo romance rápidamente. Pero la verdad es que ambas cosas son ilusorias.

Mucha gente espera que el romance salve su relación, pero es bastante raro que cualquier problema profundamente arraigado se resuelva en un viaje así. Solo se están dejando de lado los problemas de forma temporal y, en última instancia, no hay solución. Es una tontería.

Y conocer a alguien durante las vacaciones puede ser igualmente traicionero. Estás conociendo a esta persona en un mundo que no es el tuyo. Como sabemos, el entorno influye en nuestro comportamiento. Por lo tanto, si te encuentras con alguien en un entorno extraño, tu comportamiento no será el mismo que en tu entorno normal, que probablemente sea bastante diferente. Si el comportamiento de una persona cambia en proporción a la diferencia en su entorno, entonces su comportamiento normal puede ser radicalmente diferente de su comportamiento en su entorno de vacaciones.

Como dicen, lo que pasa en Las Vegas... se queda en Las Vegas.

Sin embargo, hay espléndidas lunas de miel y viajes encantadores para parejas en todo el mundo, y eso es genial. Viajar es una parte importante de la vida, pero es incluso más importante si se trata de un par de vidas en conjunto.

La gente cae en la rutina, es un hecho. La gente se aburre. Y la variedad es la sal de la vida. Los viajes juntos brindan esa variedad, tanto de lugar como de experiencia. Estos aspectos pueden refrescar el interés de una pareja en su mundo y en el otro. Cambiar el entorno puede cambiar el comportamiento, es casi seguro que ocurra. Y estos viajes pueden sacar a relucir aspectos fascinantes de uno u otro que habían sido olvidados o no habían sido descubiertos en lo absoluto.

Las citas nocturnas son una buena manera de cambiar el ambiente para refrescar o revitalizar una relación. Carecen del escapismo de unas vacaciones (que mucha gente no puede permitirse de todos modos), pero aun así dan a dos personas la oportunidad de interconectarse a nivel personal. Es un pequeño viaje fuera de casa, un cambio de aires, una oportunidad para dejar de lado las revueltas del día y dejarse mimar y servir un poco. Los acontecimientos recientes han hecho de este un regalo aún más raro que antes, pero, incluso en circunstancias normales, una buena cena fuera y tal vez un poco de baile es un lujo que la mayoría de la gente pasa por alto en su detrimento.

Las citas nocturnas también tienen el beneficio adicional de recordarles a ambos los días pasados, cuando el amor era fresco y emocionante. Uno puede llegar a ver al otro bajo esa luz vieja y olvidada.

¡No te olvides de bailar! Bailar es un ejercicio erótico. Es liberador. Es el ejercicio de una mentalidad de crecimiento que no se preocupa por el juicio de los demás. Bailar emociona a ambas partes, soltando sus inhibiciones y dejando que su yo instintivo y primordial se haga cargo. Es más fácil dejar de lado el pensamiento excesivo y el diálogo interno negativo cuando la música se te mete en el cuerpo. Con esas luces intermitentes, con todas esas caderas y torsos balanceándose en la pista de baile, encontrarás que esta es una buena manera de volver a conectar en un nivel básico. Y, por supuesto, el medio ambiente es crucial para el efecto.

Lo mismo sucedería, por cierto, en un elegante salón de baile, en un estudio de tango o bailando en un soleado campo de margaritas. De hecho, todos los escenarios serían geniales.

La religión ofrece a las parejas (e individuos y familias también) un nuevo entorno que puede tener un impacto tremendo en las interrelaciones. Sin favorecer a ninguna religión en particular, ya que no es necesario, las actividades comunales y espirituales de cualquier institución religiosa pueden tener beneficios de gran alcance.

Ya hemos mencionado el voluntariado en un banco de alimentos como una buena forma de aumentar tu autoestima y encontrar satisfacción más allá de alimentar tus propios deseos. Deseas ayudar a alguien más, ¿verdad? Bueno, eso nos lleva a tu iglesia local u otra institución. Esta es una forma de cambiar tu entorno para cambiar tus pensamientos y comportamiento. Si introduces algo de espiritualidad en tu vida de pareja, podrías distraerte de tus propios agravios. No hay nada como escuchar sobre el sufrimiento de otros (Jesús, Elías, Mahoma, Buda, Gandhi) para poner nuestro propio sufrimiento en perspectiva.

Y, como la meditación nos da algo más en lo que enfocarnos, también lo hace la religión, al menos una hora a la semana cuando no estás pensando en las presiones del trabajo o del hogar.

Las religiones de todo tipo también tienden a promover los principios de la pareja en sí: lealtad y honestidad y pura pasión, las señas de identidad de la antigua estructura familiar de cualquier religión antigua.

Primero, veremos algo sobre el entorno, el *dónde*. Los lugares de culto, cualquiera que sea su orientación, son entornos diferentes a nuestros hogares, nuestros lugares de trabajo o incluso nuestros centros recreativos. Son lujosos y ornamentados, adornados con vidrieras o mosaicos. Tienen poder, dan una sensación de serenidad y poseen una presencia empoderadora e intimidante. Y están diseñados de esa manera. Siempre ha sido así. Desde el santuario islámico La Cúpula de la Roca hasta el Muro de los Lamentos y la Basílica de la Natividad en Belén, y desde la iglesia o sinagoga de tu vecindario hasta tu mezquita o templo budista local, estos lugares están diseñados para inspirar calma y abrir la mente y el corazón a los mensajes de verdadera trascendencia.

Las instituciones religiosas también ofrecen apoyo con nuevos amigos que tienen ideas afines y que han soportado desafíos similares. Podría ser una gran ventaja disfrutar de la tutoría de otras personas cuya orientación podría marcar la diferencia. Estos lugares también están llenos de niños y su entusiasmo y alegría juvenil, siempre una influencia positiva en una pareja joven, casada o no.

Hay muchas organizaciones religiosas diferentes, una que se adapta a cada visión del mundo. Si estás interesado en la historia bíblica pero tienes una mentalidad demasiado secular para abrazar los aspectos místicos de la tradición bíblica, está bien. Vale la pena conocer la sabiduría que se encuentra en los dos Testamentos, sean cuales sean tus sentimientos. Si crees en la Palabra pero has perdido la fe en la Iglesia y en los hombres y mujeres falibles que dirigen las iglesias que funcionan en Su nombre, entonces sigue tu propio camino. No hay un camino prescrito que debas seguir. La religión está ahí para ti hasta que decidas que estás ahí para ella.

Cualquiera que sea su perspectiva religiosa, ambos pueden encontrar lo que buscan en una simple asistencia. Al menos hará que dejen de pensar en lo enojados que están el uno con el otro y tal vez en las razones por las cuales lo están. Por lo menos es una actividad nueva y divertida.

Y si te sientes incómodo con eso, algo que puede suceder, considera nuestra otra idea del voluntariado discutida anteriormente. Eso puede ponerlos a ambos en otras interacciones más temporales con varias instituciones. ¿Quién sabe? Quizá puedan ampliar su círculo social, lo que puede introducir nuevas y vigorizantes inspiraciones que mantendrán felices a ambas partes, o iluminar a cada uno sobre las presiones que enfrenta el otro. Además, ambos tendrán la ventaja de haber ayudado a otros, lo cual es una inspiración que arde internamente y que pueden llevar a donde quiera que vayan.

Y mientras estemos hablando del *dónde*, echemos un vistazo más de cerca a los lugares a los que ir, las cosas que hacer, las formas de revivir tu romance y mantenerlo fuerte o las formas de hacer que ese nuevo romance comience bien. Hemos hecho nuestra tarea. Ahora, en la segunda sección del libro, ¡salgamos a jugar!

SECCIÓN 2 EL CÓMO, QUÉ Y DÓNDE DE MANTENER UNA RELACIÓN SÓLIDA

CÓMO HACERLO, QUÉ ESTÁS HACIENDO Y DÓNDE FUNCIONARÁ MEJOR

7

LAS CLASES ACERCAN A LAS PAREJAS

Pasas mucho tiempo con tu pareja. Y aunque se sintieron atraídos a través de una serie de divertidas mini-aventuras conocidas como citas, probablemente se hayan asentado un poco en la rutina. Es bastante fácil dejar que suceda, y hay muchas buenas razones para ello. Nuestras ajetreadas vidas son exigentes y a menudo requieren dos trabajos o largas horas en casa. El dinero es escaso y las citas no son baratas. También es fácil razonar que la fase de cortejo de la relación ha terminado, y toda esa energía naturalmente va a otra parte.

Pero es fundamental que sus vidas sean divertidas. Trabajar demasiado duro y durante demasiado tiempo ha demostrado tener efectos sobre la salud física y mental. Conduce a una sensación de agotamiento, aislamiento, depresión, pensamiento excesivo, perfeccionismo, mala alimentación y malos hábitos de sueño e, incluso, puede llevar a la muerte prematura.

Y es importante divertirse juntos, embarcarse en actividades que los atraigan y los mantengan unidos. Entonces, aunque las vacaciones separadas tienen su lugar, no hablaremos de eso en este capítulo.

Las vacaciones juntos también pueden ser geniales, una forma clásica de vincularse y crear recuerdos que ambos pueden atesorar. Pero las vacaciones también pueden fallarte en este esfuerzo, así que echemos un vistazo rápido a eso.

Definitivamente deberían tomarse unas vacaciones juntos, no me malinterpretes. Pero no pueden tomarse unas vacaciones todas las semanas, y además estamos buscando cosas que puedan hacer con más regularidad. Tienes suerte de tener dos semanas al año de vacaciones. Además, como hemos visto, las personas no son las mismas cuando están de vacaciones, y eso puede ser algo bueno. O puede que no. Las vacaciones pueden ser estresantes para una relación si las cosas van mal o los espacios se vuelven demasiado estrechos. Si tu relación está teniendo problemas, es una apuesta arriesgada pensar que unas vacaciones corregirán esas cosas, a menos que estés en un retiro para parejas de algún tipo.

Aceptemos que las vacaciones tienen su lugar, pero no realmente en esta sección. Echemos un vistazo a algunas cosas que pueden hacer en su vida diaria, cosas que los unirán.

Tomar una clase juntos es una excelente manera de pasar un rato divertido juntos y acercarse. Hay un número ilimitado de clases disponibles en la universidad o centro comunitario de tu localidad. Es posible que hayas conocido a tu pareja en una clase de algún tipo, y eso podría generar buenos recuerdos. Esto podría recordarles intereses compartidos o hacerles notar intereses en común que no sabían que tenían. También pueden descubrir talentos que no sabían que tenían.

El yoga es una excelente manera de pasar tiempo juntos y además tiene grandes beneficios para la salud. Cualquier clase de ejercicio tendría los mismos beneficios. También está la carga física con la que te irás, toda esa testosterona y endorfinas que necesitarán ser liberadas (y al mismo tiempo, también).

Meditar juntos tendrá muchos beneficios físicos y mentales, aunque meditar es un esfuerzo más individual. A menos que se concentren únicamente el uno en el otro, la meditación puede no ser la elección perfecta para una actividad conjunta. Sin embargo, tiene grandes beneficios, y hacerlo juntos ciertamente no vendría mal. Simplemente no es una actividad tan interactiva.

Podrías pensar en una clase de artes marciales. Esto es interactivo y está impregnado de filosofías calmantes que seguramente influirán en tu relación personal. Cada uno de ustedes tendrá un compañero de práctica, una fuente de apoyo, y les dará el mismo impulso físico que un entrenamiento vigoroso. También obtendrás los beneficios de toda esa sabiduría y la capacidad de defenderte a ti mismo o a tu pareja en caso de que sea necesario.

Las clases de masajes son una manera increíble de pasar tiempo juntos. Es una actividad conjunta que crea un enfoque mutuo y es vigorizante físicamente. Y el masaje tiene el mismo beneficio que algunas de estas otras clases, y además involucra la intimidad necesaria. Estás tocando partes del cuerpo del otro que la mayoría nunca toca (y probablemente ni siquiera ve). Estás tocando profundamente, creando sensaciones que atraviesan el cuerpo y llegan a la mente. Estás trayendo calma y sanación. Es prácticamente un tipo de juego previo (y muy a menudo acaba siéndolo). También aprenderás mucho sobre el cuerpo humano, que es un tema fascinante. Por lo tanto, tu cerebro estará excitado incluso cuando lo que proyectas es relajación y calma. Podrás usar tus nuevas habilidades con tu familia y amigos, y serás la persona más popular en la sala. Si tu jefe tiene una torcedura en el cuello, el masaje incluso puede ayudarte en tu carrera. Es fantástico practicar en casa y pensar en lo bien que se siente recibir todos esos masajes.

Podrías considerar una clase de idioma. Cada uno de ustedes tendrá un compañero de práctica listo y ambos obtendrán todos los beneficios de aprender un nuevo idioma. Esto estimula el cerebro, agudiza tus procesos de pensamiento y estimula las sinapsis. Aprender un segundo idioma también puede ser muy bueno para tu carrera profesional. Ser bilingüe te hace mucho más valioso en muchas industrias. Podría ser justo lo que necesitas para esa promoción que has estado esperando y por la que has estado trabajando.

Las clases de baile son muy populares entre las parejas, y por una buena razón. Incluyen un ejercicio vigoroso, fomentan el trabajo en equipo y ponen la atención de los bailarines entre sí. Las clases de baile pueden ser muy divertidas y no tienes que ser bueno para disfrutarlas. Pero puedes descubrir un talento que no sabías que tenías. Ser un buen bailarín infunde confianza y cierto estilo personal. Los hombres y las mujeres que saben bailar se comportan de manera diferente.

También hay clases para todos los estilos: tango, flamenco, baile de salón, swing, baile en línea, baile moderno, tap. El baile también tiene connotaciones muy sexuales, ya que las caderas se balancean y los hombros se mueven. Podría ser justo lo que necesitan como pareja para mantener las cosas íntimas de manera frecuente.

Algunas parejas disfrutan de la esgrima como pasatiempo. Es una actividad físicamente vigorosa, requiere coordinación de las manos y los ojos y atrae la atención de uno hacia el otro. Tiene la ventaja competitiva del deporte de la misma manera que los demás, y es algo bonito de lo que hablar en las fiestas. El tenis, el racquetball e incluso el ping pong tendrían los mismos efectos positivos. El tenis puede ser un poco intenso para las articulaciones, pero el ping pong es bastante inofensivo. No sé si puedes tomar clases de ping pong de la misma manera que puedes tomar lecciones de tenis, pero aun así existe la posibilidad de comprar una mesa de ping pong y comenzar a jugar. Es divertido y entretenido y les dará tiempo para enfocarse positivamente el uno en el otro.

Las clases de arte siempre son divertidas. Pintar o dibujar son actividades calmantes que, como la meditación, desvían la atención del clamor de la vida. Las mentes creativas son más activas. La creatividad es uno de los signos de una persona autorrealizada y una mentalidad de crecimiento, que es una faceta clave de una persona de éxito.

Pero también es una actividad que puedes compartir físicamente. Coloquen sus caballetes uno al lado del otro, apoyen el trabajo del otro, aprendan el uno del otro. Ambos están trabajando hacia el mismo objetivo: pasar tiempo sin pelear ni quejarse. Puedes descubrir un talento oculto o perfeccionar antiguas habilidades. Si eres hábil con un pincel o un bolígrafo, puedes presumir ante tu pareja, impresionarla de nuevo, como lo hiciste cuando se conocieron. Simplemente eso puede ser muy útil.

Además, pintar es un gran ejercicio en el establecimiento de objetivos para lograr un objetivo final. Y tendrás la satisfacción no solo de haber logrado un objetivo (pintar un cuadro) sino que tendrás la satisfacción de haber creado una obra de arte. El arte tiene una tremenda energía positiva, al igual que su creación. Compartir esa energía positiva puede ser bueno para cualquier relación.

Hablando de clases de arte, la cerámica o la escultura pueden ser un gran pasatiempo. La arcilla es resbaladiza, flexible y táctil. ¿Recuerdas la película *Ghost*, verdad? Si no es así, ve a YouTube y busca *Ghost cerámica* y entenderás de qué hablo.

Las clases de cocina son una forma fantástica de pasar tiempo juntos. Es algo que requiere trabajo en equipo, preparación y creatividad. Cocinar apela a todos los sentidos: tocar la comida, saborear, oler, escuchar el chisporroteo y el crujido, apreciar los colores y la presentación. Es un gran ejercicio para dividir una gran tarea en pequeñas tareas, cada una de ellas con su propia pequeña recompensa en el camino hacia la satisfacción de la comida final.

También puedes comer la comida, lo cual representa una satisfacción en sí misma. Puedes practicar felizmente en casa, y toda esa proximidad, combinada con las delicias sensuales de las artes culinarias, es famosa por su romanticismo. Innumerables películas han utilizado una escena de cocina para llevar a los personajes a la cama... o a la mesa del comedor.

Las lecciones de cocina también tienen otros beneficios. La comida preparada es más higiénica y saludable. Perderás peso y te verás mejor, y eso tendrá beneficios para la salud física y mental. Tendrás más confianza. La gente reaccionará más positivamente hacia ti. Podrás controlar exactamente lo que entra en tu comida, podrás asegurarte de que esté hecha de la manera que te gusta. Cocinar es una habilidad importante pero lamentablemente descuidada en nuestro mundo de comida rápida.

Luego también pueden limpiar juntos, y eso les dará más tiempo para dedicar a un objetivo común.

Las clases de actuación pueden ser una forma divertida de estar juntos en un ambiente positivo. Actuar es un esfuerzo de equipo, pero también un logro personal, y puede ser bastante emocionante. Tú y tu pareja pueden asumir diferentes identidades, utilizando la externalización y otras técnicas de la terapia narrativa. Es una buena forma de abandonar las inhibiciones. Es una excelente manera de expresarte sin sentirte vulnerable (una vez que superes tu nerviosismo inicial). Y dado que no eres tú mismo y no son precisamente tus palabras, es posible que puedas expresar las verdades reales de tu vida de esta manera. De eso se trata la buena ficción.

Las clases de improvisación tienen los mismos efectos positivos y por la misma razón. La improvisación hace que reacciones de forma rápida y efectiva a los eventos, y eso estimula el cerebro y lo mantiene alerta. Está bien si no eres tan bueno, además, no estás solo en el escenario, así que siempre tendrás apoyo (ese es uno de los principios de la improvisación). Y las clases de improvisación están por todas partes, por lo que no será difícil encontrarlas. Tampoco serán costosas.

Las clases de stand-up también son comunes. A menos que estés haciendo un acto doble, trabajarás solo. Pero si ambos lo hacen, estarán allí para apoyarse mutuamente, podrán guiarse mutuamente y trabajar juntos en el material (algo que no se puede hacer con la improvisación).

Pueden intentar una clase de escritura. Escribir también es una actividad bastante aislada, pero con frecuencia la realizan dos personas. Yo he colaborado varias veces con excelentes resultados. Y la práctica a menudo fortaleció mi relación con mis colaboradores. Escribir es un desafío, requiere dividir una gran tarea en hitos más pequeños, es un esfuerzo de equipo. Es algo para lo que puedes establecer un cronograma. Es una actividad que puede llevar tanto tiempo como sea razonablemente posible. Pueden escribir ficción o no ficción en cualquiera de los innumerables subgéneros. Pueden escribir cualquier cosa que les guste.

O pueden tomar la misma clase pero escribir diferentes proyectos, cada uno leyendo el del otro para obtener orientación y apoyo. A veces, dar notas a un escritor puede resultar complicado. Pero es una excelente manera de aplicar algunos de los ejercicios y técnicas de comunicación que has aprendido en este libro.

Las clases de poesía también son una excelente manera de pasar tiempo juntos. La poesía es famosa por su romanticismo y por una buena razón. Puede ser un tema fascinante, el cual está lleno de historia y figuras coloridas. Es una tarea reflexiva y meditativa, y puede permitirles expresar las cosas de formas que antes resultaban imposibles.

Las clases de coctelería siempre son divertidas para las parejas. Aprenderán a preparar las bebidas más populares, lo que los convertirá en las almas de la fiesta (pero tengan cuidado de no quedarse atrapados detrás de la barra). Es divertido practicar juntos, ¡incluso si no beben! Las clases de coctelería son fáciles de encontrar y bastante económicas, y no se necesita mucho arte o equipos deportivos. Pero por favor... sean responsables.

Quizás les interese un curso de mejoras para el hogar. Incluso si no son del tipo de bricolaje en general, el mismo puede volver a conectar a una pareja con su hogar, algo muy importante para una psique estable y una vida feliz. Podrían adquirir habilidades que les permitan ahorrar mucho dinero en el futuro. Y puede que creen una bonita mesa o un especiero.

Quizás una clase de Kama Sutra es lo que necesitan. El antiguo texto indio es una obra maestra sobre erotismo, sexualidad y satisfacción emocional. El libro es famoso por sus muchas posiciones sexuales, y eso por sí solo podría devolverle el impulso a la relación. Incluso si son buenos como pareja, ¡las cosas podrían mejorar aún más!

En este sentido, las clases de sexo tántrico están hechas a medida para amantes. Tendrás (con suerte) un compañero de práctica listo, aprenderás cosas increíbles que nunca creíste posibles y quizás acabes convirtiéndote en una superestrella sexual. Existen numerosas técnicas, trucos y aspectos de esta antigua escuela de pensamiento sexual que solo recientemente se ha dado a conocer entre la gente común.

Las clases son geniales y tienen muchos beneficios. ¡Pero también hay otras formas! Echemos un vistazo más de cerca a otras actividades divertidas para parejas.

8

VACACIONES PERFECTAS PARA PAREJAS

Repasamos por qué las vacaciones no eran la mejor manera de mejorar la comunicación en tu relación. Pero las vacaciones tienen su lugar, como hemos visto. Y algunas vacaciones pueden acercarlos más a ti y a tu pareja en lugar de simplemente prevenir sus problemas persistentes. Echemos un vistazo.

Primero, visitemos algunas de las ciudades más románticas de los Estados Unidos, que muchos de nosotros llamamos hogar. De hecho, ¡echemos un vistazo a los lugares a los que realmente llamaste hogar!

Podrían considerar ir a la ciudad natal del otro. Conocer a sus viejos amigos, ver antiguos lugares que solía frecuentar. ¡Comparte lo tuyo! Seguramente les dará a ambos información sobre el pasado del otro, lo que puede explicar mucho acerca de por qué los problemas que han surgido todavía persisten. Y la nostalgia es una fuerza poderosa para los sentimientos positivos. Cada vez que están juntos y el sentimiento es positivo, es un buen momento. Además, tal vez haya pasado un tiempo desde que regresaste, viste a la vieja pandilla, mostraste a tu increíble pareja. ¿Qué podría ser mejor que eso?

Quizás Las Vegas, Nevada, que sigue siendo una de las ciudades más glamorosas del mundo. Está repleta de cosas divertidas para hacer, lugares para comer, hoteles para visitar. Es un lugar hecho para parejas. Las luces y los sonidos están diseñados para deslumbrar, y el lugar rezuma sexualidad a cada paso. Desde las coristas hasta las estrellas del pop, el lugar seguramente será una bendición para tu libido. ¡Pero no sigas buscando demasiado! Las Vegas puede proporcionar tentaciones que no querrás que te entusiasmen. Conoce tus límites y tus desencadenantes. Si el juego de apuestas es un problema para ustedes, tal vez sería mejor que no lo probaran. De otra forma, pueden volar desde cualquier lugar del país y hospedarse en algunos de los complejos turísticos más lujosos y reconocidos del mundo. Es realmente bastante asequible si no apuestas, ¡y aún más asequible si sabes apostar bien!

La ciudad de Nueva York también es espectacular para los amantes. Está impregnada de leyendas y tradiciones, un lugar donde se dice que los sueños se hacen realidad. Es la personificación viva y palpitante del sueño americano, y el solo hecho de estar allí resulta estimulante.

Claro, la gran manzana puede ser intimidante, pero está repleta de grandes hoteles y algunos de los mejores restaurantes del mundo. Y Manhattan tiene delicias durante todo el año. Primavera en Central Park. Navidad en la Quinta Avenida. Otoño en la parte alta de la ciudad. Veranos frente al río Hudson. Realmente no hay otra ciudad estadounidense como esta, y la misma puede inspirarlos a alcanzar nuevas profundidades de entendimiento mutuo.

Los espectáculos de Broadway y los museos son formas estupendas de pasar tiempo juntos mientras amplían sus horizontes. Los museos también son una excelente manera de pasar tiempo juntos una vez que hayan vuelto a casa, y aunque es posible que no haya tantos espectáculos como en Broadway, probablemente encuentren algún teatro comunitario.

El Parque Nacional de Yosemite, en California, es hermoso y aislado, encantador y relajante. Si escalas, otra actividad que comparten muchas parejas, este es el lugar para ti. Pero para otros gustos, también está la increíble vida salvaje, la frondosa forestación y, por supuesto, la gran pared rocosa, *El Capitán*. Senderismo, esquí, ciclismo, hay todo tipo de actividades divertidas para parejas. Es el sueño de un fotógrafo, y la fotografía es otra excelente manera de acercarse unos a los otros. La fotografía incluye creatividad y también es una actividad física. Aunque es una experiencia personal, se puede compartir fácilmente. Cuando cada uno apoya al otro, el cerebro y el cuerpo se activan. El enfoque no está necesariamente en el otro, pero es una práctica meditativa que proporciona una gran satisfacción personal. Y con la fotografía digital, la actividad se vuelve mucho más asequible que nunca, y te sorprenderán los resultados que puedes obtener.

El Parque Nacional Yellowstone de Wyoming cuenta con más de 2 millones de acres de hermosa vida silvestre y los famosos géiseres Steamboat y Old Faithful. El Lake Yellowstone Hotel & Cabañas es el hotel más antiguo de cualquier parque nacional y cuenta con una vista impresionante del lago.

¿Dónde más pueden realizar un safari en busca de grandes manadas de bisontes y posibles avistamientos de alces, lobos grises y berrendos? Hablamos de Cody, una ciudad fronteriza que te lleva a una época diferente, a cuando la ciudad misma fue fundada por Buffalo Bill Cody.

Es posible que Santa Fe, Nuevo México, no esté en tu lista de lugares excelentes, pero es realmente genial para las parejas. No solo los cielos y los paisajes desérticos son impresionantes, sino que la ciudad también es un enclave de artistas. El lugar está repleto de galerías con impresionantes pinturas, figuras de cerámica y esculturas. Hay muchos restaurantes de primer nivel y también una sala de teatro comunitaria.

¡No te pierdas la misteriosa escalera de caracol de la Capilla Loretto y el Museo Georgia O'Keeffe!

Savannah, Georgia, es un sitio encantador; el musgo español cuelga de viejos robles, las plazas son históricas y hay mansiones señoriales. El clima es cálido todo el año y los restaurantes y discotecas se encuentran entre los mejores del país. El Parque Forsyth, la Calle del Río Savannah y un tour de fantasmas hacen de Savannah una excursión divertida y romántica al sur de Estados Unidos.

A diferencia de las islas y ciudades más populares de Hawái, Molokai ofrece un ritmo lento y una sensación menos turística. Llamada la isla amigable, Molokai le da a cualquier pareja tiempo para reconectarse en el esplendor de los trópicos sin estar abarrotada de turistas y megaresorts. Una caminata por el valle de Halawa. Hospedaje en el Hotel

Molokai. Canotaje. Recolectar flores para hacer un collar artesanal. Es todo tan romántico como parece.

Con sus altísimos acantilados, escarpadas cuevas, cascadas y frondosos bosques, Hocking Hills, ubicado en Ohio, sigue siendo uno de los principales destinos del medio oeste estadounidense. La cascada Old Man y la cueva Ash son lugares destacados del Parque Estatal Hocking Hills y son muy divertidos para las parejas. Puedes lanzarte en tirolina por las copas de los árboles de Hocking Hills sobre el río Hocking, descender por los acantilados y disfrutar del acogedor lujo del Inn & Spa at Cedar Falls.

Snowmass, Colorado, es una hermosa alternativa a Aspen, que es más concurrido y turístico. Es una ciudad turística pequeña y pintoresca, con poca gente y bastante acogedora. Con 300 días de sol y un festival de globos en el verano, es una manera colorida y divertida de disfrutar de la compañía del otro.

Big Sur, en California, tiene algunas de las vistas costeras más hermosas del mundo, con muchos pueblos pequeños y pintorescos que son perfectos para los amantes. El parque estatal Julia Pfeiffer Burns cuenta con la cascada más fotografiada del *estado dorado*. *Treebones Resort* es rústico y hermoso, ¡y el *Instituto Eselan* ofrece talleres para parejas!

San Francisco, California, es una de las grandes ciudades románticas, con su hermosa bahía, los tranvías y el famoso muelle. Vale la pena saborear los deliciosos cangrejos, ver las increíbles colinas y disfrutar de las mañanas brumosas. Cayo Hueso, Florida, es un sitio caluroso y tropical, con todo tipo de actividades de navegación y pesca y algunas de las mejores rutas en bicicleta de todo el estado. Está impregnado de historia y tradición, famoso por figuras legendarias, desde Jean Lefitte hasta Ernest Hemingway.

El centro histórico de Charleston, Carolina del Sur, ofrece mansiones históricas, calles adoquinadas y el dulce aroma de las magnolias en el aire. Ofrece clases de yoga para cabras (sí, lo leíste bien), las coloridas casas de Rainbow Row y el Roble del Ángel de 500 años. No olvides Shell Island para pasar un rato divertido buscando conchas marinas juntos. Son recuerdos maravillosos, bonitos y geniales, y la búsqueda es una excelente manera de pasar tiempo juntos.

Un viaje a Lancaster, Pensilvania, es como retroceder en el tiempo y le da a cualquier pareja la oportunidad de comprar muebles únicos, alfombras y colchas famosas de los Amish. Su comida es rica y abundante, y hay muchas actividades divertidas para forjar recuerdos mientras aprenden más el uno del otro. También pueden probar recolectar manzanas en Maine, o en cualquier otro estado, y aprender cómo se hacen los pasteles y las salsas. Es bucólico y estacional, y estarán rodeados de los colores y olores del cambio de estación.

Un viaje a un viñedo es una excelente manera de que una pareja se aleje de todo. Hay mucha degustación de vinos, buena comida, un ambiente encantador y un entorno hogareño. ¡También son lugares muy populares para bodas!

Esto nos lleva al concepto relativamente nuevo de agroturismo. Esta es la noción de vacacionar en granjas en funcionamiento, por ejemplo. Participas en varias actividades típicas del lugar, aprendiendo las habilidades y tradiciones, ya sea elaborar la mesa o procesar tabaco. El agroturismo se extiende por todo el mundo y puede llevarlos a Israel, Ecuador, Costa Rica, Europa, África, entre otros.

Y hablando de viajar por todo el mundo, si tienes un poco más de dinero (tal vez más que un poquito) o si eres astuto en el momento de conseguir buenas ofertas de viaje, realmente hay lugares increíblemente románticos a los que ir.

París, Francia, se encuentra entre las ciudades más románticas del mundo. La famosa *ciudad de las luces* ofrece una experiencia increíble tras otra. Pueden ir al museo de arte más grande del mundo (El Louvre) y visitar lugares increíbles como Notre Dame, el Arco de Triunfo, la Torre Eiffel. Las compras de primer nivel en los Campos Elíseos, los increíbles restaurantes y las sinuosas calles adoquinadas hacen de París una visita indispensable para los amantes.

Venecia, Italia, cuenta con canales y paseos en góndola que personifican el pináculo romántico de la Bella Italia. Los edificios antiguos y la increíble comida hacen que un viaje a Venecia sea una experiencia increíble que realmente no se puede replicar en ningún otro lugar del mundo. Los monumentos góticos, la Plaza de San Marcos y Murano, la región de cristal soplado de Venecia, garantizan una estancia inolvidable.

Santorini es considerada la joya de las islas griegas, con edificios blancos, acantilados irregulares y aguas azules del mar Egeo.

Krabi, Tailandia, ofrece increíbles aguas azules y comida deliciosa y asequible. Tailandia se ha convertido en el patio de recreo de los ricos, con Krabi considerada la más romántica de sus muchas playas. Krabi es popular entre los veinteañeros, lo que puede ser perfecto para ti, o quizás no tanto. Pero las formaciones de piedra caliza, los manglares, los cantos rodados y una variedad de maravillas naturales resultarán atractivos para cualquiera. Paseos en bote, snorkel y resorts de cinco estrellas hacen de este uno de los destinos más románticos que existen.

La reserva privada Sabi Sands, ubicada en Sudáfrica, ofrece a las parejas la oportunidad de ver un mundo que probablemente solo podrían imaginar. Encuentren un leopardo en un árbol o un diamante en bruto, o simplemente redescúbranse uno al otro. Un auténtico safari africano está en la lista de deseos de muchas personas, y ver toda esa majestuosa vida silvestre en su hábitat natural puede ser una experiencia que les cambie la vida a ambos. Seguramente hay pocas cosas que nos puedan dar la sensación de ser intrépidos y aventureros. Eso sí, sin armas, por favor. Toma una foto, deja una vida.

El lago Laurel en Berkshires, Nueva Inglaterra, es un sitio hermoso y tranquilo donde la niebla se adhiere al agua. El comienzo del invierno o incluso el otoño son las mejores épocas del año para estar allí, cuando las hojas están llenas de tonos amarillos, rojos y púrpuras. Ningún lugar en el mundo es igual. Acogedores B&B, desayunos grandes y hogareños con waffles y sirope caseros hacen de este lugar un sueño para aquellos a los que les gusta acurrucarse.

En el Océano Índico, las Maldivas se componen de 26 micro-islas agrupadas. Aquí pueden nadar, bucear, pasear en bote, surfear y ver las vistas increíbles y playas espectaculares. Es uno de los lugares de luna de miel más bellos y deseados del mundo. Cuando vayan, asegúrense de pasar el día en Malé, la capital, para caminar por la calle principal, Majeedhee Magu.

La isla de Maui, Hawái, es mucho más conocida que las Maldivas y está un poco más concurrida. Pero cuenta con sitios increíbles y muchas cosas para que disfruten las parejas, incluida la playa Kaanapali, la autopista Hana, el Parque Nacional Haleakala y las piscinas en 'Ohe'o (también conocidas como las Siete Piscinas Sagradas).

La costa italiana de Amalfi tiene vistas al mar Tirreno; acantilados afilados y villas en las laderas hacen de esta una región impresionante. El clima templado convierte a este sitio en un gran destino durante todo el año, y los pueblos pesqueros y las playas son casi tan acogedores y enriquecedores como los propios italianos.

De vuelta en los Estados Unidos, Aspen, Colorado, ha sido durante mucho tiempo la joya invernal de la *jet set*. Es la ciudad del esquí por excelencia. Esas hermosas montañas y complejos turísticos se han ganado toda su reputación. El pintoresco centro de la ciudad cuenta con exclusivos restaurantes, boutiques e incluso un teatro de ópera de 1889. ¡Y nada mejor que un jacuzzi al aire libre con tu pareja, especialmente en el invierno nevado!

Puede que Santiago, Chile, no se te haya ocurrido al pensar en escapadas románticas, pero eso es parte de lo que lo hace tan especial. Aunque no es lo único. Puedes apreciar la Fuente de Neptuno en el Cerro Santa Lucía, la vista de la Cordillera de los Andes, una gran ciudad y la costa chilena. La increíble Plaza de Armas y la Catedral Metropolitana son experiencias únicas. También se puede hacer senderismo en verano y esquí en invierno.

Mientras estamos en América del Sur, Quito, en Ecuador, es la puerta de entrada a la selva amazónica, una visita obligada para cualquiera.

Encontrarán exuberantes selvas, ríos llenos de pirañas, serpientes y caimanes, aves exóticas y monos en los árboles. Los pueblos indígenas son acogedores y comparten el conocimiento y la sabiduría de sus tradiciones. Báñense bajo una cascada, disfruten de increíbles frutas y carnes locales. Son unas vacaciones que seguramente perdurarán en el corazón y la mente de cualquier pareja. Y es un sitio tan hermoso y memorable que realmente hay que compartirlo.

Esto, de hecho, nos lleva a retiros de parejas, combinaciones de vacaciones y terapia. Aquí están algunos de los mejores.

El Centro de Northampton para Terapia de Parejas (NCCT) cuenta con un equipo in situ con licencia completa que se dedica a la consejería de parejas. Es el único lugar en los Estados Unidos que cuenta con esto. Es conocido por una variedad de métodos de restauración, incluido el modelo PEX-T de Brent Atkinson, Método Gottman a la Terapia Centrada en las Emociones. No es barato, pero es importante tener en cuenta que ninguno de estos lugares lo es. Pero si es lo que consideran adecuado, puede que valga la pena la inversión. Todos estos retiros cuestan unos pocos miles de dólares al día o más, y eso puede incluir viajes o no. Es en parte asesoramiento y en parte vacaciones románticas.

Sedona Soul Adventures en Sedona, Arizona, se trata tanto de asesoramiento como de renovación y avivamiento en una experiencia espiritual y personalizable.

México, Texas, Utah y California ofrecen el Retiro Matrimonial Life. El mismo cuenta con los principios de perspectiva, compromiso, perdón, responsabilidad y confianza. Estos retiros están diseñados para matrimonios en crisis y ofrecen un enfoque práctico durante un retiro de cuatro días.

Sonoma, California, ofrece el Retiro Sanador Para Parejas, que combina entrenamiento práctico e intervenciones basadas en la investigación. El mismo ofrece un retiro grupal compartido y asesoramiento privado individual.

La hermosa Carolina del Norte ofrece el Rescate Matrimonial en Huntersville, el cual es un retiro de consejería centrado en el cristianismo. Ofrece retiros de 3 o 4 días y seis meses de soporte telefónico de seguimiento. Sus programas son completamente privados, que es lo que prefieren muchas parejas.

La Academia de Rescate de Relaciones de Kokomo, Indiana, trabaja con parejas a través de un increíble curso de seis meses en tres días que son aún más increíbles, y todas las sesiones son completamente privadas.

El famoso Campo de Entrenamiento Matrimonial sirve tanto para parejas no casadas como para parejas casadas, y es perfecto para preparar y educar a la pareja para el matrimonio. También atiende a parejas casadas en crisis.

Asegúrense de evitar retiros que adopten una postura neutral. No van allí para adoptar una postura neutral. Necesitan ayuda y están pagando por ella. Encuentren una práctica que evite problemas controvertidos. No se trata de pelear, se trata de *no* pelear, ¿verdad?

Su retiro matrimonial de elección debe respetar sus límites personales como individuos. Seleccionen un retiro que honre sus metas personales para su relación. No querrán quedar atrapados en un enfoque sencillo, y eso puede ser común entre los retiros que no tienen sesiones privadas e incluso algunos que sí las tienen. Ustedes son individuos y como pareja son únicos, y deben asegurarse de que el retiro que elijan lo entienda.

Asegúrense de que los enfoques se prueben mediante investigación. Hay muchos retiros improvisados que les quitarán su dinero y no les darán nada más que palabras huecas. Querrán un lugar con un enfoque práctico.

Intenten elegir un lugar que ofrezca una atención de seguimiento práctica. Puede que tengan un gran éxito en su retiro, pero las semanas y meses siguientes serán cruciales. Sin seguimiento, pueden volver a sus viejos hábitos y perder todo el avance que habían ganado juntos.

Ahora que hemos analizado las vacaciones y los retiros, echemos un vistazo más de cerca a las cosas que pueden hacer en su vecindario. No son actividades tan comprometidas como una clase ni tan intensas como unas vacaciones o un retiro. Sin embargo, incluyen todo tipo de cosas divertidas que son perfectas para parejas, en crisis o no.

9

ACTIVIDADES DIVERTIDAS PARA MANTENER FRESCA LA RELACIÓN

Lo importante es mantener tus comunicaciones abiertas y tu relación viva. Vale más prevenir que lamentar, dicen. Por lo tanto, es vital disfrutar de la vida de forma continua. Es importante porque es muy fácil permitir que se acumulen las cosas negativas como las presiones del tiempo, las dudas sobre uno mismo, los resentimientos persistentes. Y con nuestras apretadas agendas, las cosas recreativas, como las que vamos a ver a continuación, suelen ser las primeras que se quedan en el camino. Muchos de nosotros tenemos tantas responsabilidades para con los demás que descuidamos las responsabilidades que tenemos para con nosotros mismos. Pero tenemos que ser conscientes sobre cómo pasamos nuestras horas, nuestros días, nuestras semanas.

Y si se han encontrado con algunos problemas que se han ido acumulando, estas son buenas formas de acercarse el uno al otro y aclarar esas fallas de comunicación. Básicamente, todas las opciones son muy asequibles, creativas y se ha demostrado que funcionan. Se pueden hacer repetidamente, en combinación, y definitivamente no debes detenerte en solo una. ¡Échales un vistazo!

Podrías pensar en tener un día sin tecnología. Te sorprendería saber cuánta tecnología domina tu vida. Entre tu teléfono inteligente, tu computadora y la televisión, las pantallas están en todas partes. Y con Internet, hay infinitas distracciones entre tú y tu pareja. Además, toda esa luz antinatural es mala para los ojos; estar sentado frente a una computadora durante demasiado tiempo puede producirte un coágulo de sangre, y ver demasiada televisión puede causar depresión, letargo, aumento de peso y malos hábitos de sueño. Entonces, apaga esos aparatos por un día. Y no es que tengas que ir a un parque de atracciones como alternativa. Tengan un día de limpieza de la casa, otra gran actividad para hacer en pareja, como ya hemos visto. Disfruten de la tranquilidad de la casa. Tengan una pequeña charla. Salgan a caminar. Hagan algo de jardinería. Lean un libro el uno al otro, que les dará la oportunidad de escuchar sus voces en un contexto positivo, envuelto en emocionantes palabras de romance o aventura. Así, podrán vivir una aventura ficticia sin salir de casa. O simplemente tomen una siesta. O hagan cualquier cosa que no incluya tecnología. Te sentirás renovado, créeme, y además tu casa estará limpia.

Hacer planes para el futuro es una buena manera de acercarse, porque toda la naturaleza de algo así se basa en la idea de que ambos todavía están comprometidos. También es una excelente manera de utilizar el método Pomodoro de dividir un gran objetivo en partes más pequeñas y alcanzables. Esas pequeñas victorias aumentarán su confianza como pareja, al igual que en una búsqueda individual o en equipo. Es posible que estén ahorrando para su boda, por ejemplo, lo que significa hacer un cronograma y un horario, hacer depósitos en la cuenta de ahorros que tienen juntos, buscar ubicaciones, entre otras cosas. Es divertido y constructivo y los mantiene caminando por el mismo sendero en la misma dirección.

Un masaje en pareja es una gran idea, justo como unas mini-mini-vacaciones. Se acostarán juntos y serán mimados, disfrutarán de la sensualidad de un masaje profundo en la espalda, se deleitarán con un baño de barro uno al lado del otro. Es algo relajante, rejuvenecedor y refrescante. Es más que una cita, es un momento para pasar juntos, y está garantizado que será un momento positivo que hará que ambos se sientan bien. Eso es lo que necesitas para lograr y mantener una comunicación clara y mantener alejada esa negatividad oculta.

Ir a una cita doble siempre es divertido, y es algo que quizá estemos haciendo cada vez menos. Es agradable volver a ver a los amigos y ver a nuestras parejas conectarse con otros. La vinculación con los demás ayuda a una pareja a vincularse entre sí. Otras personas pueden sacar a relucir cosas de tu pareja que has olvidado, como una pequeña risa, el movimiento de un hombro, un ingenio sorprendentemente rápido. Su romance defectuoso, visto objetivamente, puede que luzca más positivo de lo que parece desde una perspectiva subjetiva. Mirar las estrellas puede parecer una forma antigua de pasar la noche, y lo es. Quizás esto sea así porque nuestras ciudades y pueblos son cada vez más grandes y están en gran parte iluminados, lo que palidece la luz de las estrellas desde abajo. Pero siempre hay alguna azotea o un lugar tranquilo en una ladera en algún lugar fuera de la ciudad. Busca en Internet un buen lugar. Es algo realmente relajante y romántico. Desde que la humanidad miró hacia arriba por primera vez, estaba contemplando las estrellas. Es el lugar de nacimiento de toda la filosofía, y la astronomía es la madre de todas las ciencias. Nada puede hacer que una persona se sienta tan reflexiva como mirar a las estrellas. Y cuando hay una lluvia de meteoritos o algo como una luna de sangre, es una vista realmente espectacular.

A su vez, ver la puesta de sol juntos también es una experiencia tranquilizadora y de unión, y que pueden hacer todos los días si quieren. A menudo, no hay nada más impresionante que una hermosa puesta de sol, cuando todos esos colores surcan el cielo y cambian ante tus propios ojos. Es casi una meditación, y es una experiencia que compartes con tu pareja.

Algunas parejas se escriben cartas en vivo. Puede sonar cursi, pero es muy romántico. Y seamos realistas, hay algunas cosas que son difíciles de decir. Escribir esas cosas las saca hacia afuera y les da un poder adicional. Esas palabras se pueden leer y releer, profundizando cada vez más. También son detalles bonitos y podrían funcionar como poderosos recordatorios de su amor en tiempos de conflicto o crisis.

O podrían jugar al Twister desnudos. Lo sé, también suena cursi, pero al igual que una noche de juegos en parejas, es diversión buena y limpia. Bueno, quizá no tan limpia, pero tal vez no te hayas dado cuenta de que cuando el juego salió originalmente fue atacado por algunos grupos conservadores por ser abiertamente sexual.

A no ser que te guste mucho moverte, quizá quieras dejar el Twister en la estantería para la noche de juegos en parejas. Sin embargo, es una excelente manera de vincularse con amigos y entre sí. Obtienes todos los beneficios de una cita doble mientras obtienes el estímulo de la actividad en pareja. Las charadas u otros juegos de participación de este tipo (como el Pictionary) siempre son geniales, y una búsqueda rápida en Internet te proporcionará muchos de estos juegos para pasar la noche. Los juegos basados en las trivias son perfectos para la noche de juegos en parejas, al igual que los juegos de rol de misterio de asesinatos.

Ver una nueva serie o tener un maratón de películas siempre es divertido. Pasarán un día tumbados en la cama o en el sofá, con comidas reconfortantes y cócteles, y todas las comodidades del hogar. Hay toneladas de contenido relacionado con esto. Pero elige ese contenido sabiamente. Los clásicos, los romances y los thrillers sensuales pueden ser buenas opciones, pero evita los dramas como *¿Quién teme a Virginia Woolf?*

A algunas parejas les gusta hacer un álbum de recortes, que es una forma divertida y entrañable de pasar tiempo juntos. Es algo creativo, mantiene el enfoque el uno en el otro y los ayuda a visualizar su relación, lo que le da a la actividad su propio poder especial. Este álbum de recortes, al igual que las cartas de amor, puede ser útil más adelante cuando surjan dudas y sospechas. Unos pocos momentos nostálgicos con el álbum de recortes podrían ser justo lo que tú o tu pareja necesitan para recordar lo bueno de la relación.

Luego tengan sexo en cada habitación de su casa. No todo en el mismo día necesariamente (pero es algo en lo que pensar). Podrían convertirlo en un desafío personal para cumplir en el transcurso de un mes determinado (febrero, quizás). Tampoco se lo digas a tu pareja, simplemente deja que suceda. Después de una comida particularmente romántica en el comedor, quita los platos de la mesa y háganlo. Una noche después de lavar los platos, háganlo contra el frigorífico. La sala de estar es un lugar donde es fácil maniobrar, y la ducha está allí mismo en el baño. Simplemente háganlo. La espontaneidad está destinada a emocionar, el cambio de ambiente tiene un gran impacto en el acto (como hemos visto) y seguramente eliminará cualquier rutina sexual en la que hayan caído.

Hacer un dúo de karaoke es muy divertido, algo que las parejas hacen todo el tiempo. Pueden ir a un sitio donde haya karaoke y cantar torpemente *Summer Nights* o *Islands in the Stream* o *Up Where We Belong*, o simplemente pueden practicarlo en casa y derrotar a sus amigos y compañeros de trabajo. Es una actividad de práctica divertida, porque pueden realizarla en casa, mientras cocinan o limpian. Simplemente descarga una pista de karaoke de Internet, colócala en tu teléfono inteligente y reprodúcela en cualquier lugar. Puede que seas mejor cantante de lo que crees. El karaoke es una buena actividad en pareja de todos modos. Una persona está ahí para apoyar a la otra, y podrán expresarse sin presión. También hay alcohol, si eso es lo tuyo, y a menudo estos bares de karaoke sirven comida. Es como una cita, una noche de juegos y una actuación musical, todo en uno.

Muchas parejas hacen *sexting*. Esto, por supuesto, es hablar sucio a través del celular o u otro medio. Imagina que estás sentado en una reunión de la sala de juntas o en una clase y tu pareja te interrumpe con una sugerencia traviesa, la cual devuelves de inmediato. Tiene un cierto atractivo voyerista. Es un pequeño secreto sucio. ¿Qué tan divertido es esto? Algunas personas envían fotografías de desnudos, a menudo muy de cerca, de determinadas partes del cuerpo, pero no podemos recomendar que hagas esto. Puede ocurrir que las fotos vuelvan a atormentarte a ti o a tu pareja en un futuro. Esto no quiere decir que no esté buenísimo... De hecho, lo está. Pero no podemos recomendarlo.

Haz un logo que represente a su relación y déjalo en pequeñas notas o cuando firmes tus cartas de amor. Podría ser una combinación de sus primeras iniciales. Mi hermano Eric y su esposa Christine tienen una, una *c* minúscula que se convierte en una *e* minúscula. Ellos llevan este logo tatuado en el cuerpo de cada uno. De momento, recomiendo las notas Post-It, pero bueno, tú haz lo que prefieras.

Crear una nueva tradición es bueno, porque se basa en la idea de que ambos estarán involucrados en ella a largo plazo, que están construyendo un futuro juntos. Pueden tomar cualquiera de estas actividades divertidas y realizarlas de forma regular y ¡boom! Es una tradición. ¿Cantar los domingos? Tradición. ¿Noche de juegos el primer sábado del mes? Tradición. Esto les da algo que esperar, un objetivo que pueden lograr juntos.

Por tonto que parezca, jugar una partida de minigolf es una manera fantástica de reconectarse y mantenerse conectados. No hay presión y, como en el karaoke, cuanto peor lo hagas, más te divertirás. Es una actividad vistosa, divertida y barata, y realmente pueden devolverlos a días pasados, días frívolos e infantiles, más allá de las presiones y el estrés del mundo.

Algunos bares tendrán noches de trivia en lugar de karaoke, y eso también es genial. Juegas con cada pregunta, trabajas en equipo y pones a prueba tu ingenio contra los demás, lo cual los une. Aprenderás mucho y es posible que sepas más de lo que crees. Si tienes la cabeza llena de datos, ¡ésta es una buena manera de recordarle a tu pareja lo inteligente que eres!

Mencionamos los parques de atracciones, los cuales son perfectos para volver a conectar. Lo más probable es que hayan ido al menos a un parque de atracciones cuando estaban saliendo, y volver a ir les devolverá el sabor de ese período de luna de miel. Las atracciones son emocionantes. Toda la experiencia es interesante en todos los sentidos. Sus cerebros estarán emocionados por los colores y las figuras y formas que los rodean. Todo inspira alegría, y estarán rodeados de niños sonrientes y padres orgullosos, lo que puede ayudarlos a visualizar su propio futuro. Si hay una noria, súbanse y bésense en la parte superior. Es un momento digno de una postal. Si tienen la suerte de tener fuegos artificiales de fondo, estarán en el cielo.

Los bolos son una gran recreación para parejas. Es una actividad física y de apoyo mutuo pero individual al mismo tiempo. Es una actividad un poco competitiva. Da tiempo para sentarse, charlar, comer y beber. Y suele haber mesas de billar cerca, otra actividad divertida para parejas.

El bingo es fantástico para parejas. Juegas en equipo contra los demás, por lo que es una experiencia de unión. Es estimulante mentalmente sin ser demasiado desafiante. Hay un aspecto competitivo generado por la emoción y la prisa del juego y, a veces, ¡incluso puedes ganar!

Pueden encontrarlo en su bolera local y, de hecho, con sistemas automatizados en grandes pantallas de televisión.

Montar a caballo en la playa es genial si tienes una playa cerca. Es una actividad sacada directamente de una novela romántica, y es como una escapada tropical que en realidad no está más lejos que la playa más cercana. Si no tienes una, un paseo por el desierto es igual de espectacular a su manera.

Hacer un viaje por carretera espontáneo es una gran idea. Sé que ya hemos mencionado las vacaciones, pero esta opción es más como una escapada de fin de semana. La clave es hacerlo en el impulso del momento. O puede que primero planifiques un poco y luego se te ocurra de forma improvisada (por lo que sabe tu pareja). De cualquier manera, piensa en subir al auto y partir. Un viaje por carretera es divertido y aventurero, y hay muchos B&B y lugares para quedarse, solo para cambiar de ambiente y cambiar de ritmo. Es la espontaneidad lo que le da fuerza.

Vayan a un concierto de rock o a un gran espectáculo. Que sea una noche glamorosa, con una cena agradable y ropa elegante. Vayan al teatro por la noche, o a una sinfonía, o a la ópera. O diviértanse con Paul McCartney la próxima vez que vaya a su ciudad. Un gran espectáculo es algo especial, eso lo convierte en una noche especial, y eso hace que cada miembro de la pareja se sienta especial, hace que la *pareja* sea especial.

Tengan sexo en algún lugar exótico. Por supuesto, no les sugerimos que infrinjan ninguna ley. Pero una noche erótica en un lugar como Las Vegas tiene su propio encanto. Podrían pertenecer al famoso

Mile High Club. Para unirse a este club exclusivo, deben tener sexo en un avión (y eso es todo lo que tienen que hacer). Generalmente, una pareja irá a un baño determinado por separado, tendrá relaciones sexuales y luego saldrá de uno en uno. Supongo que otros pueden alquilar un avión solo para tener sexo en la cabina principal mientras vuelan por ahí. De cualquier manera, esta no es la excursión más económica, pero podría valer la pena. Sea como sea, un vuelo de Burbank en Los Ángeles a Las Vegas cuesta solo cien dólares de ida y vuelta, por lo que son dos sesiones por doscientos dólares, no mucho más que una habitación de hotel. Y pueden comer en Las Vegas antes de volar de regreso, refrescarse y reponer sus electrolitos.

Pueden intentar hacer el amor mientras hacen puenting, pero no estoy seguro de poder recomendarles esto. Sin embargo, la gran B es popular entre las parejas. Es algo que pueden hacer juntos, es estimulante y el subidón de energía que genera seguramente tendrá un gran impacto en ambos.

Los taxis "atractivos" son una forma encantadora de reconectarse y permanecer cerca. Un caballo los lleva en carreta a través de Central Park o algún lugar similar. La conversación fluye a medida que los sitios pasan. Es como entrar en una era diferente, una de encanto y romance.

Acampar es siempre algo divertido y hay lugares para acampar cerca de casi todas las grandes ciudades o suburbios. Volver a la naturaleza es refrescante, un cambio drástico de entorno. Apreciarán la tranquilidad del bosque o el desierto o el mar, el crepitar de un fuego y el sabor de la comida. Si están cerca de una fuente termal, están frente a una gran bendición. Los dejará empoderados de formas que nunca imaginaron, eso lo puedo asegurar.

Hablando de eso, mientras están en casa, pasen un rato acurrucados junto a la chimenea. El fuego es fascinante, cálido, colorido y reconfortante. ¿Qué es más romántico que un cacao junto al fuego, una buena copa de brandy caliente o un ron caliente con mantequilla, ambos acurrucados y arropados? Esto invoca un sentimiento hogareño y cariñoso: el hogar, la familia, el amor.

¿Alguna vez has pensado en recrear su primera cita? Puedes preparar la actividad con antelación y sorprender a tu pareja. Llévalo/a al mismo lugar, coman las mismas cosas, vayan al mismo cine o regresen a casa para ver la misma película que vieron juntos la primera vez. El poder de la nostalgia será asombroso, pero también mostrará cuánto recuerdas esa primera noche, cuánto piensas en tu pareja y tu relación, y lo valioso que es todo para ti. Eso hará que la relación en sí y tú sean más importantes para tu pareja.

Hacer un rompecabezas puede ser divertido. Es una actividad abierta en la que realmente no puedes registrar el tiempo. Pero pueden pasar mucho tiempo juntos trabajando hacia un objetivo compartido. Y tendrán la satisfacción de haberlo terminado y haberlo hecho juntos. Y tendrán una imagen genial digna de enmarcar. Les servirá como un recordatorio de lo que pueden hacer cuando trabajan codo con codo, creando algo hermoso a pesar de los muchos pequeños desafíos.

Y, por supuesto, está el clásico desayuno en la cama. Sorprende a tu pareja levantándote temprano, y exhibe todos los colores, formas y olores de un desayuno caliente preparado y presentado con mucho cariño. Y haz suficiente como para ti para que puedas subirte a la cama y disfrutarlo también. Al fin y al cabo, todas estas actividades son para que las compartan ambos. Y hablando de actividades que deben compartir, pasemos al siguiente capítulo. ¿De verdad necesitas que lo diga?

10

SEXO Y COMUNICACIÓN Y CÓMO UNIRLO TODO

Ya hemos establecido lo importante que es el sexo para una relación íntima. Es la expresión más íntima de nuestros pensamientos y deseos, refleja todo lo que somos y muy a menudo todo lo que escondemos. A menudo es algo memorable, aunque no siempre por las razones correctas. Es la manifestación de nuestro impulso por reproducirnos. Está en el centro mismo de nuestro ser, en nuestros miedos y deseos. Reverbera a través de nuestros órganos, sangre y genitales. Está en nuestra superficie, en nuestra piel, cabello y ropa, rostros y modas. Está en todo lo que vemos y en todo lo que nos venden. Es la medida de nuestro éxito y fracaso, más allá del mero dinero y poder. Estamos obsesionados con eso porque estamos entrenados para estarlo.

Las personas entre 18 y 29 años tienen la mayor cantidad de sexo según estudios recientes, teniendo sexo aproximadamente 112 veces al año, o aproximadamente dos veces por semana. Después de los 30, el número parece descender a unas 86 veces al año. Después de los 40, es poco menos de 70 veces. Pero eso no significa que no quieras tener sexo, tengas la edad que tengas. Porque seamos realistas, cuando es increíble, es *increíble*.

Y ningún libro sobre relaciones estaría completo sin una mirada al sexo. Se han escrito volúmenes sobre el tema. Hay volúmenes sobre la psicología del sexo, los fundamentos de ciertos fetiches y formas de introducir esas cosas en tu vida. Entonces, no hay ninguna razón real para discutir el trasfondo psicológico del gusto por el bondage o los fetiches de juegos de roles o cualquiera de esas cosas. Ese es un libro diferente para una época diferente.

Pero hay algunas cosas que son independientes de lo que sea que tú o tu pareja puedan o no hacer. No se trata de llegar al fondo de por qué te gusta lo que te gusta. Como hemos visto, realmente no puedes controlar lo que te gusta, solo lo que haces. Entonces, si te gusta usar una nariz roja de payaso, úsala.

De lo que estamos hablando aquí es de una forma de abordar el sexo que se centra en la comunicación entre parejas. Al fin y al cabo, con nariz de payaso o uniforme de enfermera o lo que sea, el sexo puede convertirse a menudo en una experiencia muy aislada y aislante. A pesar de estar tan cerca físicamente como pueden estarlo dos personas, a pesar de estar más cerca emocionalmente que con cualquier otra persona, a menudo somos poco más que dos personas que se abofetean en la oscuridad. Incluso en ese momento tan íntimo, a menudo estamos solos en nuestros propios pensamientos, en nuestro propio mundo. Cerramos los ojos, nos retraemos, interactuando solo físicamente.

Entonces, echemos un vistazo a algunas de las prácticas que podemos llevar a cabo en el dormitorio y que se basan en una comunicación clara y la acentúan. También puedes estar a punto de aprender las técnicas sexuales más potentes que jamás hayas conocido.

HABLAR SUCIO

Hablar sucio es probablemente la forma más clara y básica de comunicación sexual. Puede tomar la forma de sexting, como hemos visto, o sexo telefónico, que fue bastante popular hace solo unos años y no hay ninguna razón por la que no debería ser aún más popular ahora con la naturaleza omnipresente de los teléfonos inteligentes en nuestras vidas. El *Facetiming* es probablemente el futuro de esa práctica, pero bueno, todo lo que une y mantiene unidas a las personas es algo bueno.

Pero ahora vamos a ver el hablar sucio en persona. Implica escuchar la voz, la de tu pareja y la tuya. Se trata de dar poder a tus sentimientos al hablarlos. Se trata de la fuerza que brota de un lenguaje que no usarías de otra manera. Porque lo primero que debes saber es que hablar sucio es sucio. No es algo ruidoso, no es cruel, pero tampoco es cortés. Al hablar sucio, estás abandonando la cortesía, estás desechando tus inhibiciones. Estás comunicando tus deseos más profundos, tu yo más verdadero. Estás declarando. Te vuelves exigente a tu manera.

Y debido a que ese lenguaje es tan antisocial, lleva consigo la emoción de la rebelión, del desenfreno. Cuando hablas de esa manera, no hablas como si fueras un ser civilizado y tampoco le hablas al ser civilizado de tu pareja. Se están hablando el uno al otro de la forma en que solo ustedes dos podrían hacerlo. Si un camarero o un compañero de trabajo le dijera algo sucio a tu esposa, estarías furioso y (con suerte) ella también. Pero esto es algo privado, como el sexo en sí, algo que se reserva solo para el otro.

También tiene una tendencia a resaltar los aspectos más primarios de nuestra naturaleza, esa parte que rechaza las normas de la sociedad y está dispuesta a hacer cualquier cosa, en cualquier lugar.

Sé lo que dije.

La charla sucia no tiene por qué limitarse al dormitorio. La próxima vez que estés en la noche de juegos de parejas o incluso en la casa de los padres de tu pareja, intenta ponerte del lado de él o ella, inclinándote y susurrando algo como: "Quiero ___ con tanta fuerza en este momento. Quiero llevarte al baño aquí y ahora". Entonces simplemente aléjate. Porque no estás exigiendo hacerlo, simplemente estás poniendo el pensamiento en su imaginación. Entonces tu pareja también lo pensará. ¡Y no podrá pensar en nada más! Es posible que simplemente te haga a un lado y haga que eso suceda, aunque probablemente permanecerás tan callado como puedas en ese caso. Sin embargo, esa represión del sonido, esa falta de comunicación, es una emoción poderosa en sí misma.

Pero vayamos al dormitorio. Nada es tan poderoso como hablar sucio en el dormitorio. Esto sucede porque muy a menudo nos replegamos a nuestros propios mundos. Los hombres pueden estar haciendo matemáticas o empleando otras técnicas para mantener su resistencia, una mujer puede estar tratando de lograr un orgasmo prácticamente por su cuenta.

Tomémonos también un minuto para discutir qué no es hablar sucio. Es perfectamente saludable decirle a tu pareja lo que quieres, y lo que quieres puede ser algo sucio, pero eso no es hablar sucio. Está bien guiar a un amante hacia dónde, cuándo y qué tan fuerte, y eso está más cerca. Pero sigue siendo algo demasiado civilizado, demasiado práctico. Hablar sucio es animal, primitivo.

Di lo hermosa que es tu pareja mientras estás comprometido en cualquier etapa de tu relación sexual. Dile qué partes te gustan más, di esas palabras con más entusiasmo y gusto. Recuerda que no son cosas que se dicen a todo el mundo todo el tiempo, y que las palabras tienen un significado. Busca y encuentra todo el significado que puedas en la forma en la que enuncias la palabra. También importa dónde lo digas, por ejemplo, cerca del oído. Eso es algo íntimo en todos los sentidos. Eso significa estar cerca. Parte de hablar sucio es cómo resuena tu voz en el cuerpo de tu pareja, eso es lo que la convierte en una forma de comunicación tan potente.

Y recuerda que tu pareja es hermosa en el sentido más sucio. Usa la dicotomía de palabras como *bello/a* y *precioso/a* con la aguda franqueza de los improperios que utilizarás. El contraste será alucinante, te lo aseguro.

Deja que esa bestia primordial en ti salga a la superficie. Estás subiendo al pináculo del éxtasis, no pidiendo un bistec para cenar.

De hecho, puedes controlar tu propio desempeño y el de tu pareja si hablas sucio. Eleva tu voz a medida que aumenta la pasión. Aumenta el tenor de tus demandas. Insiste en la interacción. No dejes que la charla sucia vaya en una dirección. Haz una pregunta retórica sobre su mutua satisfacción y exige una respuesta. Luego exige más fuerte. El solo hecho de hablar, de escuchar la propia voz, es fortalecedor y crea una conexión entre ustedes dos durante lo que podría ser un ejercicio de aislamiento. En cambio, esto solo los acercará más.

FANTASÍAS VERBALES

Antes de pasar a las técnicas más complejas basadas en la comunicación (solo ten paciencia), es hora de hablar sobre las fantasías basadas en la comunicación. ¿En qué se diferencian de las fantasías no comunicativas? Más allá de una simple charla sucia, estas fantasías requieren comunicación para que surtan su efecto. Por ejemplo, un trío es una fantasía popular para muchas parejas e individuos por igual, pero no requiere ninguna comunicación real, solo tres personas dispuestas. Del mismo modo, una fantasía de bondage puede no requerir ninguna comunicación (solo consentimiento).

La fantasía del alma gemela, por otro lado, depende de comunicarse, de hablar. Aquí, la charla sucia no se usa simplemente para emocionar y halagar, sino que estás tomando un tipo de control sutil sobre la mente de tu amante. Y esa es una comunicación poderosa.

La fantasía del alma gemela es simple. Ya estás usando tus habilidades para hablar sucio para llevar a tu pareja a un estado físico y mental de éxtasis. Pero luego desvías tu charla sucia de lo superficial hacia lo conmovedor. No vas a retroceder hacia lo romántico, no es a eso a lo que me refiero. Ya has halagado y atraído a tu pareja. Ahora es el momento de decirle que están destinados a estar juntos, que te enamoraste de él o ella en el momento en el que lo o la viste (o cuando sea que sea, no es necesario mentir). Di que son almas gemelas, que siempre serán almas gemelas. Asegúrate de obtener una respuesta y que sea afirmativa. Esto solo funcionará realmente cuando respondan afirmativamente. Así como tienes que decirlo para que el otro lo crea, tu pareja también debe decirlo para que él o ella lo crea.

Lo mismo ocurre con la fantasía del embarazo. En esta fantasía, se crea la idea de que están trabajando para obtener un embarazo. Mientras hacen el amor, engatusas a tu pareja para que admita que desea tener un hijo contigo (puedes hacerlo incluso si eres la pareja femenina). Alborotas a tu pareja, le dices cuánto lo necesita, le exiges que te responda. Si lo niega, desafíalo/a, reafirma tu creciente poder personal.

Dile que puedes sentir que va a suceder, que puedes sentir toda esa energía acumulándose en ambos, una nueva vida lista para explotar. ¡Dile a tu pareja lo grande que será el niño, que tendrá una infancia perfecta, que esta joven vida salvará al mundo entero! Dile a tu pareja que es la única persona que podría hacer que suceda, que tu pareja es el único ser mágico que puede crear esta vida.

Dale poder dándole palabras, dándole voz. Eso será contagioso y se transmitirá de uno a otro y luego de vuelta. Tu pareja puede incluso hacerse cargo de la experiencia, pero una vez que hayas tomado el control, debes aferrarte al mismo. No importa dónde te encuentres físicamente, arriba o abajo, delante o detrás. El centro del poder está directamente entre los dos amantes.

Pero ten cuidado con ambas técnicas. Cuando puedes controlar lo que le dices a una persona, puedes controlar lo que piensa. Y estas dos fantasías en particular llegan hasta el centro de la psique de una persona, hasta dos de los deseos más primarios de una persona: ser amado y procrear. Así que no te dejes llevar por estas fantasías a la ligera. Obtendrás un resultado estupendo, sin duda, pero también podrías estar haciendo promesas subconscientes que estarás obligado a cumplir conscientemente. De todos modos, estarás manipulando a tu pareja si no lo dices en serio. La comunicación clara es una comunicación abierta y honesta. Mentir es exactamente lo contrario.

Una variante de estas fantasías es la fantasía virginal, en la que una parte finge ser virgen y la otra ensalza las virtudes de iniciar el viaje de su pareja hacia la sexualidad. A partir de aquí, nos sumergimos en fantasías de colegialas cachondas, cosas raras relacionadas con incesto y otros asuntos que preferiría dejar a algún otro escritor de algún otro libro. De cualquier manera, no se puede negar la poderosa influencia de la comunicación verbal en las relaciones sexuales. Y recién ahora estamos llegando a las cosas buenas.

EJERCICIOS VERBALES

A diferencia de las fantasías verbales, los ejercicios verbales son más intensos, más profundos y resuenan mucho más allá de cualquier fantasía, por más potente que sea. Estos ejercicios verbales pueden realmente cambiarles la vida. Esto es lo más cerca que llegamos a los modelos tántricos de autocontrol sexual, y esta es solo una breve visita a un tema que quizás desees tratar con mayor detalle. Pero en términos de sexo y comunicación, estás a punto de entrar en la última frontera.

La primera fantasía verbal se conoce como *orgasmo en demanda*. Es una bomba para las mujeres que nunca han tenido un orgasmo, y esta puede ser la clave. Porque cuando puedes controlar el lenguaje, puedes controlar sus comportamientos, puedes controlar sus cuerpos y luego hacer lo que ellos no pueden hacer por sí mismos o lo que otros no pueden hacer por ellos. Y cuando puedes hacer esto, has utilizado la comunicación para asegurar tu relación en lugar de destruirla.

Observa:

Estás haciendo el amor, aumentando lentamente la energía y la pasión. Estás usando el lenguaje sucio para excitar los instintos primarios y antisociales de tu pareja. Tu pareja responde afirmativamente y la energía aumenta.

Ahora, en lugar de centrar tu atención en una fantasía, dirige tu atención hacia ese orgasmo. Dile a tu pareja que sabes que está pensando en ello, que lo quiere. Prométele que lo alcanzará si confía en ti. Exige su confianza y promete un orgasmo. Exige que acepte. Ahora dirige su atención a diferentes partes de su cuerpo, dile que sienta sus piernas, sus brazos, siempre acentuando esas partes del cuerpo en tu charla sucia ("Siente esas piernas largas y bonitas, siente ese corazón latiendo en tu pecho..."). Atrae a tu pareja hacia cada parte de su cuerpo hasta que hayas centrado su atención en sus genitales, en el orgasmo que estará al acecho debajo de estos.

Dile que está ahí, pero que solo tiene que encontrarlo. Exige que lo haga. Si no puedes exigir, que se esfuerce más. No importa, ya que animarás a tu pareja a que lo sienta crecer, a que lo sienta surgir, y *pronto* lo encontrará. Dile que sienta cómo crece dentro de él o ella, que tú puedes sentir que se hace más grande; aunque tu pareja no pueda sentirlo todavía, tú sabes que está ahí.

Mantén la parte física de tu relación sexual fuerte, haciéndola cada vez más fuerte si es posible. Dile que puedes sentir que se acerca con fuerza. Alienta todo lo que puedas. Mantén a tu pareja motivada a llevar ese orgasmo más alto, y más alto, diciéndole que cada vez es más grande. Y así será.

Luego rechaza a tu pareja. Cambia de curso. Mantén la parte física, pero dile a ella (o a él) que no dejarás que tenga ese orgasmo. Prohíbelo por completo con todos los comandos que usaste antes. Ordena a tu pareja que se niegue a sí misma, que se niegue a sí misma incluso cuando tu cuerpo trabaja más duro para que sea imposible rechazarlo.

Ten en cuenta lo crucial que es el acto de comunicación aquí y lo particular que es para las parejas íntimas.

La contradicción entre la inspiración física y el rechazo verbal hará que la cabeza de tu pareja dé vueltas. Hagas lo que hagas, no dejes que tenga ese orgasmo. Dile que espere, que se abstenga tanto como pueda, incluso mientras haces todo lo posible para darle vida a ese orgasmo.

Entonces haz que te lo pida. Haz que te ruegue que le permitas esta expresión simple y natural. Porque has tomado el control de su cuerpo, de su mente, de su voluntad. Exige que suplique, y lo hará. Ahora, en lugar de no poder tener un orgasmo, tu pareja es casi incapaz de no tenerlo.

Casi.

Porque te niegas. Rechazas el orgasmo de tu pareja hasta que pide más fuerte y sigues llevando su cuerpo por encima del punto de no retorno. Suplicará hasta que pida a gritos su liberación.

Ese es el momento en el que lo concedes. De hecho, exiges que tenga un orgasmo. Está sucediendo de todos modos, así que mantienes el control y te conviertes en la causa. ¡Exige que explote! Usa toda tu charla sucia, cuanto más sucia, mejor. Este es un momento de ceguera, de falta de razón, un momento de puro instinto primario. Es el momento menos social de tu semana, así que multiplícalo por mil.

Producirás ese orgasmo, y si no, continuarás hasta que lo logres. Llegará en la fase de negación. Si te cuesta uno o dos intentos, mejor. ¡La práctica hace la perfección!

Una variación de este ejercicio se conoce como la *cuenta regresiva para el éxtasis* o, a veces, *la cuenta de 10 para el orgasmo.*

Vuelve a tu charla sucia. Una vez que los dos estén excitados y dirijan su atención hacia ese orgasmo, construyan un poco, pero no se salgan del carril, porque lo que va a suceder está cuidadosamente calculado.

Comienza con un ritmo lento y agradable y deja que tu voz, susurrada pero autoritaria, comience a explicar que vas a contar hacia atrás desde 10, y cuando llegues a uno, tu pareja tendrá un orgasmo. Recuerda que te quedan diez números por delante, así que empieza despacio y despacio y date espacio para construir.

Haz una pausa en cada número, no te apresures, aunque debes acelerar el ritmo un poco con cada número descendente. Y mantente en cada número, permanece en nueve durante un buen rato antes de contar hasta ocho y acelerar las cosas un poco más.

Salpica con muchas palabras sucias entre los recuentos, con halagos y lujuria agresiva. Tú tienes el control. No tengas miedo de ser creativo: *"Siete ahora, ángel, siete sexy..."*

Sigue aumentando la intensidad a un ritmo muy gradual. Es probable que tu pareja se esté enfocando hacia adentro en este momento, midiendo su cuerpo y esperando ese momento. No se lo permitas. Exige que abra los ojos y te mire directamente. Es un movimiento de poder asombroso, y mantendrá a tu pareja directamente involucrada y enfocada tanto en ti como en ella misma.

Cuenta lentamente incluso a medida que aumentas el ritmo. Es el contraste de la acción frenética y el suspenso prolongado lo que excitará la psique. Te acercarás al conteo final, pero llegarás a tu pareja más lentamente, alargando el tiempo incluso mientras impartes un ritmo frenético.

Comenzará a suplicar mientras te detienes en el cuatro, el tres, el dos...

Luego burla a tu pareja, como para que te lo ruegue, exígele que lo haga. Lo hará, e incluso gritará el número por cuenta propia.

Niega a tu pareja.

Vuelve a diez y empieza de nuevo. Es importante porque, al igual que el orgasmo en demanda, asumes el control del orgasmo de tu pareja. De esta manera, te conviertes en la única persona que puede controlar su orgasmo, o darle uno. Te asociará como el guardián de su propio cuerpo, su alma, su vida.

¿Y por qué? La comunicación efectiva en una relación íntima es justo de lo que trata este libro... y la vida también.

Pero a veces tus mejores esfuerzos no son lo suficientemente buenos. Algo más está mal. Nada funciona. ¿Por qué? ¿Y qué tienes que hacer a continuación? La siguiente sección del libro responderá a esas preguntas y más. Pero es mucho menos divertido que leer sobre visitar Ecuador.

SECCIÓN 3 EL CÓMO, QUÉ, PORQUÉ, CUÁNDO Y DÓNDE DE COMUNICARSE EN UNA RUPTURA

LOS TEMAS TABÚ

Hay cosas que pueden suponer un reto para una relación y que pueden tratarse de varias maneras. Es justo que las analicemos aquí. Las mismas se adentran un poco más en un territorio más oscuro, cosas que bien pueden significar el fin de tu relación.

DISFUNCIÓN ERÉCTIL

La vieja frase se refiere al tema que todo el mundo conoce pero del que nadie quiere hablar. Pero si las cosas no van bien, si todos los trucos y técnicas siguen dando uno de los dos resultados predecibles, es hora de echar un vistazo a ambos con franqueza y honestidad.

Muchos hombres sufren de disfunción eréctil o *impotencia*. Alguna que otra disfunción eréctil es común de vez en cuando, especialmente en momentos de angustia.

La disfunción eréctil ocasional no es infrecuente. Muchos hombres la experimentan en momentos de estrés. Sin embargo, si ocurre de manera crónica, podría ser un signo de problemas de salud importantes que tienen remedios predecibles. También podría tener su origen en problemas psicológicos o emocionales. Primero, echemos un vistazo a las razones más simples.

Una erección es lo que sucede cuando la sangre fluye hacia el pene. Cuando no es así, (suponiendo que eres hombre) no tienes una erección, tienes un problema.

Las causas físicas más comunes incluyen diabetes, presión arterial alta, enfermedades cardiovasculares, colesterol alto, enfermedad renal, obesidad, estrés, edad, niveles bajos de testosterona o desequilibrios hormonales, ansiedad, problemas de pareja y depresión.

Otros culpables conocidos incluyen medicamentos para la depresión o la presión arterial alta, trastornos del sueño, abuso de sustancias, ciertas enfermedades como el Parkinson o la esclerosis múltiple (EM). La enfermedad de Pevronie (tejido cicatricial en el pene) o el daño pélvico pueden tener los mismos efectos nocivos. También afectarán ciertos medicamentos recetados, como los que se usan para tratar la presión arterial alta o la depresión.

La disfunción eréctil puede ser causada por solo uno de estos factores o por varios de ellos. Por eso es importante trabajar con tu médico para que pueda descartar o tratar cualquier condición médica subyacente. Obtén más información sobre las causas de la disfunción eréctil.

El tratamiento dependerá de la causa; puede requerir medicación, cambio de dieta o terapia.

Algunos tratamientos farmacéuticos comunes para la disfunción eréctil incluyen sildenafil (Viagra), vardenafil (Levitra, Staxyn), avanafil (Stendra) y alprostadil (Caverject, Edex, MUSE). Los niveles bajos de testosterona pueden requerir terapia con testosterona (TRT).

Si estás interesado en la llamada *cura de conversación*, o *terapia de conversación*, puedes buscar varios programas diseñados para este mismo problema. Examinarás la ansiedad, el estrés, el trastorno de estrés postraumático (TEPT) y la depresión. Prepárate para hablar sobre tus sentimientos sobre tu bienestar sexual y prepárate para visualizar qué es lo que realmente deseas.

Los síntomas de la disfunción eréctil incluyen problemas para lograr o mantener una erección, interés reducido en el sexo, eyaculación prematura o retardada e incapacidad para alcanzar el orgasmo (anorgasmia).

Por supuesto, las causas pueden ser psicológicas más que fisiológicas. Una persona que enfrenta los aspectos psicológicos de la disfunción eréctil puede estar preparada para responder preguntas como las siguientes. Pregúntate:

¿Con qué frecuencia, por mes, tienes relaciones sexuales? ¿Ha cambiado esto recientemente? ¿Qué tan firmes son tus erecciones y por qué? ¿Qué factores contribuyentes hay? ¿Tienes erecciones en medio de la noche o por la mañana?

¿Cuál es el estado de tu relación? ¿Eres feliz y sexualmente activo? ¿Ha habido algún cambio en eso recientemente? ¿Estás actualmente bajo mucho estrés?

¿Estás tomando medicamentos o consumes tabaco, alcohol o drogas ilícitas? ¿Existe alguna afección subyacente, como una afección cardíaca o diabetes o lesiones pélvicas?

Otras pruebas de diagnóstico pueden incluir ultrasonido para evaluar el flujo sanguíneo, un test de tumescencia peneana nocturna (TPN), pruebas de inyección, análisis de orina y sangre.

Los ejercicios de Kegel pueden ser útiles y no tan invasivos. Simplemente identifica los músculos del suelo pélvico. Haz esto dejando de orinar mientras estás en medio del flujo. Sentirás esos músculos trabajando, que forman parte de tu piso pélvico. Ahora contráelos durante tres segundos. Hazlo 20 veces a la vez, tres veces al día. Al principio, los ejercicios de Kegel pueden ser más fáciles de hacer estando acostado, luego pruébalos sentado o de pie. Podría ser tan simple como eso. En cualquier caso, está garantizado que fortalecerás tu núcleo muscular.

Aproximadamente tres horas de ejercicio semanal durante aproximadamente seis meses también podrían conducir a una disminución de los problemas de erección. ¡Boom, precio de admisión una vez más!

La dieta puede reducir la inflamación y la constricción del flujo sanguíneo para permitir una mayor circulación sanguínea en el pene. Las frutas, las verduras y los cereales integrales son buenos. Se deben evitar las carnes rojas, los azúcares procesados y los lácteos enteros. El alcohol solo debe beberse con moderación.

Las hierbas y los suplementos para la disfunción eréctil incluyen espárragos, dehidroepiandrosterona (DHEA), ginseng, L-arginina y L-carnitina y yohimbe. El zinc y la Horny Goat Weed también pueden ayudar. Habla con tu médico antes de tomar cualquier suplemento o cambiar drásticamente tu dieta o régimen de ejercicio. Algunos de estos suplementos, como el yohimbe, pueden tener efectos secundarios peligrosos.

Algunas personas usan la acupuntura para curar la disfunción eréctil, ¡pero *yo* no querría probarla!

El masaje prostático, que es una forma de terapia de masaje, suena mucho más atractivo. No podría ser mucho peor, ¿verdad?

Los estudios indican que alrededor de 30 millones de hombres estadounidenses tienen disfunción eréctil, y esto solo aumenta con la edad. Con cada década, el promedio de pacientes con disfunción eréctil aumenta en un 10%. Pero también ocurre entre muchos hombres más jóvenes, en gran parte por diferentes razones.

Es cierto que la disfunción eréctil tiende a aumentar a medida que el hombre envejece, pero hay formas de lidiar con eso, como una dieta más nutritiva y más ejercicio. La testosterona es la base natural para una erección, y el cuerpo la crea simplemente requiriéndola. Es necesaria para impulsar el cuerpo a través de la actividad física. Por lo tanto, haz algo de ejercicio y tu cuerpo generará el combustible que necesitas para ese ejercicio y también para otros ejercicios.

Hay muchos medicamentos y tratamientos disponibles, pero te recomendamos que los evites. Las píldoras pueden tener todo tipo de efectos secundarios y algunos dispositivos (bombas e implantes) pueden tener resultados terribles que no se pueden remediar.

La disfunción eréctil se remonta a varias afecciones comunes y controlarla podría ser mucho más fácil de lo que crees. Estos son los mejores consejos y trucos para prevenir o revertir la disfunción eréctil.

En primer lugar, trata de mantener bajo control cualquier condición médica, como la diabetes y las enfermedades cardíacas. Haz ejercicio con regularidad y mantén un peso saludable. En la regulación del peso, céntrate en una dieta saludable y no en un ayuno compulsivo. Maneja o reduce el estrés en tu vida y vigila de cerca los sentimientos de depresión o ansiedad.

Si fumas cigarrillos, deja de hacerlo. Es malo para todos los aspectos de tu cuerpo y mente, y es especialmente perjudicial para la función eréctil adecuada. El uso excesivo de alcohol puede tener la misma reacción. Y ten en cuenta que las diferentes químicas corporales reaccionan de manera diversa a diferentes influencias alcohólicas. Lo mismo ocurre con los medicamentos que no te recetó tu médico (e incluso algunos que sí). Al final de cuentas, algunas cosas simplemente funcionan en tu contra, si entiendes mi punto.

DISFUNCIÓN ORGÁSMICA FEMENINA

Las mujeres, por otro lado, pueden ser más propensas a sufrir disfunción orgásmica, la dificultad de alcanzar el orgasmo incluso con suficiente excitación. Esta condición afecta a entre el 11% y el 41% de las mujeres encuestadas en estudios recientes.

Las mujeres pueden tener dificultad para alcanzar el orgasmo debido a factores emocionales, físicos o psicológicos que pueden incluir afecciones médicas como diabetes, envejecimiento avanzado, cirugías o el uso de ciertos medicamentos, especialmente inhibidores selectivos de la recaptación de serotonina (ISRS), que se toman para la depresión.

Los estudios encontraron que las creencias religiosas o culturales, la culpa, la timidez, los antecedentes de abuso sexual, la depresión o la ansiedad, la falta de confianza, el estrés, la baja autoestima o los problemas de relación no resueltos eran con mayor frecuencia los culpables. Podría haber una combinación de estos factores.

Aunque el síntoma principal es la incapacidad de alcanzar un orgasmo, otros síntomas incluyen orgasmos insatisfactorios o un período prolongado antes del orgasmo. Incluso la masturbación puede no corregir el problema.

En realidad, hay cuatro tipos separados de disfunción orgásmica. En la *anorgasmia primaria*, nunca has tenido un orgasmo. La *anorgasmia secundaria* es la dificultad para alcanzar el clímax, aunque no sea el primero. El tipo más común es la *anorgasmia situacional*, cuando solo tienes orgasmos en situaciones particulares, como en un lugar público o durante la masturbación. La incapacidad de alcanzar el clímax bajo cualquier circunstancia, sin importar cuán alto sea el nivel de excitación o estimulación sexual, se llama *anorgasmia general*.

Durante una cita programada con el médico, es posible que se te pida que consideres una variedad de preguntas, incluidas preguntas sobre tu historial sexual. Esto puede ser útil, así que confía en tu médico y no seas tímida.

El tratamiento dependerá de la causa subyacente, desde la medicación hasta la cura del habla, según la evaluación. La consejería para parejas es una forma popular de tratar esta afección en particular y también puede abordar otras preocupaciones paralelas al mismo tiempo. Estas condiciones a menudo se presentan en grupos.

Algunas personas usan terapia hormonal, incluidas las terapias con estrógeno y testosterona. Recomendamos remedios más orgánicos, si es posible. Hay suplementos de venta libre y aceites para la excitación como Zestra, que calientan el clítoris y aumentan enormemente la estimulación. Aceites como estos también pueden ser más que útiles para la masturbación y el coito. Ten cuidado con las interacciones que puedan ocurrir con cualquier otra cosa que estés tomando o usando.

PERVERSIONES, PARAFILIAS Y TRASTORNO PARAFÍLICO

Una *perversión* se puede definir como un concepto, práctica o fantasía sexual no convencional.

Las *parafilias* se definen como una intensa excitación sexual por situaciones, objetos o fantasías atípicos. Aquellos que se excitan con los calcetines sudados, la comida y las fantasías de juegos de roles extraños son ejemplos que se citan a menudo.

Cuando ese interés perjudica la vida de una persona o de otra, se considera un *trastorno parafílico*.

Las perversiones son muy comunes y la mayoría de los expertos están de acuerdo en que generalmente son perfectamente saludables. Realmente no es algo que se pueda explicar, y tampoco es necesario. Casi todo el mundo tiene algún tipo de fetiche. Y los días en que estos fetiches se consideraban antisociales o fuera de la norma principal han quedado atrás.

No necesitas a alguien que comparta tu fetiche, pero querrás una pareja que esté dispuesta a intentarlo como tú también estarías dispuesto a hacerlo por ella, ¿verdad? Si encuentras a alguien que comparte tu fetiche, mucho mejor. Hay muchos sitios en línea para eso, pero siempre ten cuidado en Internet.

Los fetiches pueden ser una parte central de muchas relaciones saludables. Y muchas parejas prueban nuevos fetiches que ninguno de los dos había disfrutado antes. Esa es una buena manera de mantener viva la relación y debería darte algo de qué hablar.

Pero puede ser difícil expresar tu deseo de experimentar. La gente suele tener timidez y ser vergonzosa. Para eso existe una pareja íntima, ¿verdad? Para escuchar activamente sin reproches ni juicios. Así que sé abierto y cálido y escucha con atención. Si eres tú quien pregunta, no seas negativo o tímido. Proclama. Declara. Incluso podría tratarse de un fetiche de interés para tu pareja y que, por timidez, esta se haya mostrado reticente a mencionarlo. Asegúrate de aceptarte y ser comprensivo contigo mismo. Si no lo haces, es posible que tu pareja tampoco lo haga.

Y mientras hablamos de declarar, si quieres probar algo en el dormitorio, no preguntes. No fuerces a nadie ni lo hagas sin previo aviso, por supuesto. Pero piensa en verbalizarlo como una declaración ("Quiero intentar...") en lugar de una solicitud ("¿Podemos intentar...?"). Tu pareja puede resistirse, pero no puede negarse porque tú no preguntaste. Es una forma de conservar el poder, y en esta conversación, puede que necesites todo lo que tengas. De hecho, las investigaciones indican que las parejas que se entregan a las perversiones también tienden a comunicarse mejor fuera del dormitorio.

En el caso de las parafilias, puede ser necesario probar más de una vez. Si no te gusta lo que realmente le gusta al otro, o tal vez incluso necesita, entonces eso es algo que hay que considerar seriamente. No puedes cambiarlo.

Un estudio canadiense reciente ilustró que la fascinación por comportamientos particulares es mucho más amplia de lo que se conocía anteriormente. Más del 35% de las personas encuestadas, por ejemplo, se excitaban con el voyeurismo, y el 26% con el fetichismo en general. Casi el 25% de los sujetos estudiados disfrutaban del frotteurismo (frotar los genitales contra alguien sin su conocimiento o consentimiento). Un poco menos de esa misma cantidad estaban fascinados con el masoquismo o el sufrimiento propio, y esa proclividad estaba igualmente extendida entre los hombres como entre las mujeres.

El exhibicionismo resultó ser muy popular, al igual que la urofilia, cuando la orina es excitante. La vorarefilia es el deseo de ser devorado por otro ser, y el fetichismo del pañal es la fascinación por vestirse, actuar y ser tratado como un bebé.

De una perversión a un trastorno podría haber un cambio gradual. Podría ser bastante fácil, por ejemplo, pasar de disfrutar del bondage (una perversión) a hacerlo todo el tiempo y necesitarlo para disfrutar del sexo (parafilia) hasta el punto de afectar a otras partes de la vida (trastorno parafílico).

El fetichismo del pañal y otras fantasías relacionadas con la edad pueden dominar rápidamente la vida de una persona y convertirse en trastornos. Las mujeres adultas que disfrutan actuando como bebés, niñas pequeñas y preadolescentes atrevidas, también pueden llegar a ser debilitantes. Esto se debe a que es más que un simple acto sexual, sino un compromiso de estilo de vida que puede afectar otras partes de sus vidas. Imagina a un tipo al que le gusta ponerse una máscara de cuero y azotar a su pareja. Si le gusta, es una perversión. Si lo necesita, es una parafilia. Si usa la máscara para ir al supermercado, es un trastorno parafílico.

Pero no todo es tan estático. Algunas personas son adictas al sexo y lo hacen con compulsión. Estas personas tienden a cerrarse a otras personas o cosas, limitando las oportunidades. Y si estás en pareja con alguien que tiene un trastorno parafílico, o estás dentro o estás fuera.

Las investigaciones indican que las parafilias no se pueden cambiar. Pero pueden entenderse y gestionarse. Algunos usan terapia, mientras que otros usan medicamentos para reducir el deseo sexual. Los trastornos parafílicos no se pueden tratar y la mayoría de los que los padecen no quieren tratamiento. La mayoría está perfectamente feliz con su estilo de vida. Y nadie tiene derecho a juzgar o cambiar esto. No podrás y no deberías intentarlo.

GIMNOFOBIA

El miedo paralizante a la desnudez es una condición llamada gimnofobia. Ciertamente se encuentra entre las enfermedades paralizantes del dormitorio, un lugar donde las cosas se vuelven reales... o tan irreales que pueden estar fuera de tu alcance.

La gimnofobia a menudo es el resultado de una experiencia traumática, una forma de trastorno de estrés postraumático (TEPT). Las personas que padecen trastornos alimentarios y trastornos dismórficos corporales, una fijación en las imperfecciones corporales, a menudo sufren de gimnofobia.

Algunas personas que temen estar desnudas sufren de trastornos alimentarios o trastornos dismórficos corporales, una condición mental en la que las personas creen que son feas o gordas o imperfectas cuando hay poca verdad en ello. Las personas con este trastorno a menudo se obsesionan con su apariencia, ocultando sus cuerpos de sí mismas o de los demás. Otros simplemente pueden sentir que no están a la altura de las imágenes de los medios donde se exhiben hermosos cuerpos y se sienten nerviosos al mostrar sus cuerpos.

Además, las personas con formas extremas de ansiedad y trastorno obsesivo compulsivo (TOC) a veces pueden sentirse incómodas al estar desnudas frente a otras personas, debido a los pensamientos intrusivos y compulsivos que acompañan a la afección. Las personas que padecen un trastorno obsesivo compulsivo extremo (TOC) y ansiedad a menudo padecen esta fobia.

Los expertos generalmente tratan esta fobia a la desnudez como tratarían cualquier otra fobia, fomentando la exposición gradual, segura y controlada al tema que despierta el miedo. Se puede alentar a un paciente con esta fobia a que se vista cada vez menos cuando se encuentre en la seguridad del hogar, trabajando gradualmente hacia su objetivo.

Éstas y otras enfermedades podrían ser la última línea de defensa. Si no se pueden superar, si nada de lo que has intentado en este libro ha funcionado, puede que sea el momento de afrontar el final. Echemos un vistazo a *cómo, cuándo* y *dónde*.

12

POR QUÉ, CUÁNDO, QUÉ Y CÓMO TERMINAR CON GRACIA

L o has intentado todo, pero los problemas continúan e incluso pueden haber empeorado. En este triste caso, puede que sea el momento de afrontar los hechos. No todas las parejas son buenas. A veces, las personas son realmente incompatibles. Uno o ambos pueden tener problemas que requieran un tratamiento serio fuera de una situación de pareja. Podría ser simplemente una cuestión de selección, no de rechazo. Pero es importante comprender este evento lo más claramente posible para que puedas manejarlo y manejarte de la mejor manera posible.

Las rupturas pueden ser difíciles, no hay duda, a veces muy difíciles. Por lo tanto, manejar el evento con gracia y calma es algo que te debes a ti mismo y a tu pareja. Nadie quiere ser el que enloquezca cuando llegue el final. Nadie quiere soportar ese tipo de carga emocional ni alejarse miserablemente.

Y, así como el inicio y el cuerpo de la relación, es clave. Desafortunadamente, la comunicación no te ha ayudado en este caso, pero aún puedes hacer tu mejor esfuerzo.

Lo primero que debes evitar es culparte a ti mismo. Si has utilizado las técnicas de este libro, entonces has hecho mucho más que la mayoría. Ciertamente has hecho todo lo que puedes hacer (a menos que no seas completamente honesto contigo mismo, pero eso depende de ti). Pero ser abandonado por una pareja íntima puede hacer que una persona sienta duda, inseguridad, y puede hacer que se consuma por el diálogo interno negativo y el pensamiento excesivo. Y esto puede ser paralizante. Una persona puede pasar días, semanas, meses e incluso años preguntándose qué podría haber dicho o qué no debería haber dicho, qué podría haber sido si tan solo fuera más de esto o menos de aquello. Una persona puede volverse de mente fija y proyectar un patrón de rechazo en el futuro, estar fatalistamente segura de que está condenada al rechazo. Uno puede ser propenso a pensar que ha perdido su última y mejor oportunidad de ser feliz.

Esto crea una espiral descendente de estancamiento o incluso de pérdida de la carrera, y un mayor autodesprecio reforzado por el continuo fracaso que inspira. Las oportunidades perdidas crean más pensamientos excesivos y la ansiedad que los acompaña.

Los efectos de esto pueden ser paralizantes, incluso mortales, ya que comúnmente conducen a depresión, malos hábitos de sueño y mala alimentación, abuso de sustancias y suicidio.

Es vital evitar esto. Habrá alguna emoción desafortunada involucrada, sí. Y es importante no reprimir esa emoción. Las emociones son como la comida, las necesitas para sobrevivir. Son nutritivas y necesarias. Pero no puedes llevarlas contigo para siempre. Tienen que ser procesadas y luego eliminadas como producto de desecho, o de lo contrario se infectarán y se volverán tóxicas y eventualmente te corroerán desde adentro. Así que prepárate para lidiar con las emociones y con la razón. Pero como gran parte de lo que hemos estado hablando, todo se reduce al *cómo*, al *dónde* y al *cuándo* de cómo hacerlo.

CUANDO SEPAS, TIENES QUE IRTE

Lo primero que hay que tener en cuenta es que la ruptura no siempre es algo malo. No es bueno para nadie perder tiempo, energía y dinero en una mala relación. Las relaciones están destinadas a apoyarnos, hacernos sentir más completos, más satisfechos. Su lugar en la jerarquía de necesidades es bastante bajo, justo por encima de las necesidades básicas. Pero si la relación nos está fallando, si está impidiendo nuestra autorrealización en lugar de ayudarnos a trabajar para lograrla, entonces ese es un buen momento para salirte de la misma. De hecho, estar atrapado en una mala relación evitará que asciendas más en la jerarquía.

Mucha gente teme quedar soltera. La autofobia es el miedo real a estar solo en una habitación, pero estamos hablando de personas que no quieren vivir solas o morir solas. Sin embargo, es importante recordar que la relación que estás terminando no es la última relación que tendrás. Estar soltero te permite estar disponible para conocer a esa nueva persona, para ir a nuevos lugares y realizar nuevas actividades. Vuelve a ver las cosas que este libro recomienda para las parejas, y descubrirás que todas estas opciones son estupendas para que hagas tú solo. Hazte voluntario en un banco de alimentos, toma algunas lecciones o una clase, realiza una excursión espontánea.

Estar soltero también te da tiempo para concentrarte en ti mismo. En lugar de pensar en lo que tu pareja está pensando o sintiendo, deseando o queriendo, puedes centrarte en ti mismo. Por supuesto, ten cuidado de no pensar demasiado o caer en conversaciones internas negativas. Practica la autocompasión. Si no puedes ayudar a tu pareja, aun así puedes ayudarte a ti mismo.

Como acordamos, algunos emparejamientos simplemente no son buenos. Pero, ¿cómo saber cuándo ha llegado el momento de irte? No querrás tomar una decisión prematura y vivir con dudas sobre si podrías haberlo hecho funcionar si solo hubieras aguantado un poco más. ¿Cuándo sabes que llevas mucho tiempo dando vueltas?

Aguantar demasiado tiempo también es un problema. Mucha gente puede evitar dejar al otro hasta después de Navidad. Sin embargo, tu pareja recordará esa misericordiosa Navidad de forma amarga, y tampoco es probable que sea una fiesta muy alegre. De todos modos, solo terminará siendo miserable el Día de San Valentín en seis semanas.

Mucha gente dice que hay *temporadas de ruptura*, una ventana de tiempo que es mejor o peor para la ruptura. Dirían que la Navidad es temporada baja, pero la ventana se abre justo después del año nuevo. Es temporada alta en corazones rotos hasta finales de octubre, cuando vuelven las vacaciones. Nadie quiere ser responsable del suicidio de alguien durante las vacaciones.

En verdad, no hay una buena época del año para hacerlo, así que te diría que ignores todo eso. Pero hay señales que no te perderás.

Una de las grandes señales de que es hora de terminar una relación es que no estás actuando como tú mismo. ¿Eres más emocional, tímido o retraído con tu pareja? Eso no es bueno. No podrás seguir haciendo eso, no es saludable y no es honesto. Es exactamente lo contrario de una comunicación clara, eso es seguro.

Busca cosas como andar de puntillas u ocultar cosas, sobre-monitorearte en la compañía de tu pareja, sentirte ansioso y frustrado en la compañía de tu pareja, preocuparte por ser juzgado, evitar el contacto visual, ser deshonesto o poco honesto o si hay problemas de confianza que simplemente no se irán. Evalúa si hay diferencias básicas en las visiones del mundo, quizás sociales o políticas. Se trata de perspectivas profundamente arraigadas que no es probable que cambien y pueden ser la causa de conflictos interminables.

Si tu pareja está menospreciándote, ridiculizándote o humillándote, es hora de que te vayas. Ese tipo de abuso solo empeorará y nadie se lo merece. Pueden ser declaraciones indirectas, pequeñas insinuaciones, u ofensas en todo su esplendor. Llegado cierto punto, suficiente es suficiente.

Y no te dejes engañar por la contrición que pueda venir luego. La contrición es parte del ciclo del abuso; no lo revierte, lo promueve.

Hemos mencionado que esconderte de tu pareja es malo. Pero no es mejor que esconder a tu pareja de tus seres queridos. Si te alejas de ellos, podría ser por un gran número de razones preocupantes. Es posible que estés deprimido, una razón común por la que la gente se aleja de otros. Puede que te avergüence la forma en la que tu pareja te trata. Podrías avergonzarte de no haber reunido el coraje para dejar a esa persona todavía. Tu pareja puede ser un separador, trabajando para separarte de tus amigos y familiares. Ya hemos hablado de esto y es una jugada traicionera. Si estás con alguien que te quiere separar de tus seres queridos y has intentado corregir esta práctica sin éxito, puede que sea el momento de poner fin a las cosas.

Hablando de tu familia y amigos... Si a ellos no les agrada tu pareja, y quiero decir que realmente no les agrada, podría ser el momento de reconsiderar. Si llevan tanto tiempo juntos y nadie se ha encariñado con él o ella, puede ser que ellos estén viendo algo desde un punto de vista objetivo que tú te estás perdiendo en tu posición subjetiva. Por supuesto, no dejes que este sea tu único factor decisivo, ya que es tu relación y no la de ellos. Pero es algo que hay que tener en cuenta, sobre todo si hay otras cosas de esta lista que están en juego.

Puedes descubrir que tu propio comportamiento es el problema, no el de tu pareja. Y la naturaleza de este comportamiento en particular puede ser complicada. Hemos analizado los abusos que tu pareja puede estar ejerciendo sobre ti, pero también tienes que preguntarte si tú mismo no has caído en algunos comportamientos de abuso. Y puede ser particular para una persona en particular, esta persona en específico. Si tu pareja parece débil y tú tienes una actitud dominante, es posible que te sientas frustrado y enojado. Y si bien este es un problema que deberían poder resolver, es posible que también debas admitir que hay dos lados en cada moneda de compatibilidad, y es posible que tú no seas el lado brillante tanto como crees. Y tal vez las otras cosas sobre tu pareja sean correctas con respecto a ti. Puede que simplemente no te guste tu pareja tanto como al principio o como esperabas. Por lo tanto, puede que estés autosaboteando la relación para provocar un final sin tener que decirlo de esa manera.

Para algunas relaciones más nuevas, una u otra parte puede sentir que las cosas se están moviendo demasiado rápido. ¿Uno de los miembros de la pareja habla demasiado pronto sobre el matrimonio? ¿Tal vez presenta a los padres demasiado rápido? ¿Es una persona demasiado dependiente y pegajosa al instante? Los sentimientos que inspiran estos comportamientos realmente deberían ser paralelos entre los dos, y si uno está muy lejos del otro, puede ser una señal de que esta relación simplemente no va a funcionar. Es probable que los dos reaccionen de esa manera a prácticamente todo en la vida. También significa que uno puede ser poco realista en sus perspectivas, y esa es una forma segura de ser decepcionado. También puede significar que el otro es emocionalmente retraído y que constantemente se retrae y se resiste al amor del otro. Por culpa de ninguno de los dos, el fracaso de una relación así parece estar totalmente asegurado.

Si la relación te provoca ansiedad con demasiada frecuencia, puede que sea el momento de marcharte. En cierto punto, no avanzas, solo estás dando vueltas en círculos. ¿Cómo sabes cuándo estás en ese punto? Pregúntate si constantemente cuestionas el comportamiento de tu pareja cuando no está cerca. ¿Sospechas que te engaña, hace apuestas o bebe? ¿Dudas seriamente de su amor por ti? Si es así, bien podría haber una razón, y probablemente la haya; y apuesto a que ya sabes cuál es. ¿Dudas constantemente de tu propio valor y de lo que ofreces a la relación? Es posible que tu pareja haya destruido tu imagen de ti mismo, o es posible que te hayas apartado tan profundamente que sepas que estás funcionalmente muerto en la relación. Puede que no haya vuelta atrás de eso. Algo causó el abuso o la ausencia, y esas cosas probablemente estén fuera de tu alcance en este momento, al menos en este contexto.

En este sentido, si siguen separándose y luego volviendo a estar juntos o tomando pequeños descansos de la relación, probablemente sea el momento de terminar. Hay una razón que te sigue separando, probablemente un cúmulo de razones relacionadas. Podría ser inseguridad o tal vez un toque de autofobia lo que los lleva de nuevo a los brazos del otro. O puede ser la pereza o el aburrimiento o una mentalidad fija, pensar demasiado o hablar de forma negativa. Pero ninguna relación sana ha nacido jamás de estas cosas.

Si sigues diciéndote a ti mismo que las cosas mejorarán, probablemente no será así. El tiempo es precioso y es una tontería desperdiciarlo con falsas esperanzas o engaños. Incluso es dañino quedar atrapado en un ciclo así, tanto mental como físicamente.

Si constantemente fantaseas con otras parejas, eso es un problema. Esa es tu mente subconsciente diciéndote que anhelas algo más, tal vez no algo mejor, pero ciertamente algo más. Y es posible que notes que tu pareja se pierde cada vez más en sus pensamientos, que sus ojos se desvían hacia extraños atractivos o incluso hacia amigos y compañeros de trabajo. A veces es solo una cara bonita, pero a veces lo que estás viendo es una señal de advertencia.

Hablamos de que una persona puede ser demasiado pegajosa demasiado pronto, pero ser demasiado pegajoso en términos generales puede ser un problema real. En primer lugar, cualquier pareja debe ser el resultado de cantidades iguales de contribución. Una pareja es una unión de individuos fuertes, pero las personas pegajosas carecen de cierta fuerza personal. Uno no debería depender del otro para tener compañía a cada minuto, para tener un apoyo emocional constante. Es un signo de retraso en el crecimiento emocional y puede crear celos, paranoia, resentimiento, pensamiento excesivo, diálogo interno negativo y puede llevar al que sufre a condiciones y complejos más peligrosos. Es una señal de advertencia que notarás desde el principio y es mejor evitarla si no puedes cambiarla rápidamente.

Si has perdido la confianza porque tu pareja te ha engañado, te ha robado o te ha mentido, piensa en terminar la relación de manera rápida y limpia. Una persona que se comporta de esta manera probablemente no comparte tus mismas prioridades, y nunca podrás establecer una buena relación con alguien así. Aunque tenga otras buenas cualidades, y seguro que las tiene. Tu pareja hará esto de nuevo porque no ve la actividad como intrínsecamente incorrecta. Incluso puede culparte por no alcanzar un cierto estándar o por ser lo suficientemente tonto. ¿Le importa siquiera que te lastime, o simplemente espera suavizar las cosas hasta la próxima transgresión? El ciclo del abuso se aplica aquí, a un abuso de confianza: amistoso, enojado, abusivo, contrito. Y sin confianza, no puede haber amor real.

Si tú o tu pareja han estado descontentos en general con el matrimonio durante un período prolongado, tal vez años, piensa en terminar la relación. La vida es corta, como hemos descubierto.

A veces, las vidas divergen en diferentes direcciones. Los nuevos movimientos profesionales pueden empujar a tu pareja hacia un lado. Uno puede querer tener hijos, el otro no. Las personas crecen a través de sus experiencias y, a veces, crecen en diferentes direcciones hasta que ya no están realmente cerca unas de otras.

Por lo tanto, hay razones reales por las que una relación puede simplemente estar condenada a terminar en la basura de tu historial romántico. Pero antes de dar los pasos cruciales y hablar con tu pareja, tómate un momento para reconsiderar que no todas las rupturas son obligatorias. De hecho, hay ocasiones en las que deseas evitar la trampa obvia de una ruptura, que puede parecer más obvia en algunas ocasiones que en otras. Hay situaciones comunes que causan rupturas prematuras, así que ten cuidado.

Hay muchas otras formas en las que sabrás que tu relación está en sus últimas etapas.

Si eres demasiado complaciente, eso puede ser un problema. Se podría pensar lo contrario, pero ser complaciente con demasiada facilidad es a menudo otra forma de desconectarse, de no preocuparse ni siquiera lo suficiente como para estar en desacuerdo. Si este ha sido tu patrón durante mucho tiempo, considéralo seriamente como un síntoma de una ruptura de la comunicación. Si no puedes volver a conectar, se trata de una crisis de comunicación.

Si tu pareja no es la primera persona con la que compartes buenas noticias, ¡ten cuidado! Esta es tu relación más íntima. Confías en tu pareja y estás ahí para ella más que nadie. Si no compartes tus triunfos y fracasos con ella primero, significa que no es lo más importante en tu mente. Si primero llamas a tu madre o a tu amigo, eso habla de tus prioridades. No seas ignorante deliberadamente. Además, imagina cómo se sentiría tu pareja si no fuera la primera en enterarse de ese embarazo o promoción. Puede verse como una traición a la confianza y, en cierto modo, lo es.

Si repites las cosas una y otra vez, eso significa que tu pareja no te está escuchando. Si has intentado llegar al fondo de eso (a través de las técnicas de este libro, por ejemplo) y has fallado, puede que sea el momento de marchar. Si tu pareja no te escucha, puede ser que no quiera saber lo que tienes para decir, puede ser que te esté ignorando o puede ser que simplemente te haya descartado. Ninguna de estas cosas es aceptable para una relación a largo plazo.

Si alguno de los dos rechaza la terapia, es una mala señal. Incluso si no creen que sea necesario, si uno de los dos se rehúsa a ir, probablemente sí sea necesario. Y una pareja solidaria iría en ayuda del otro. Negarse a hacerlo representa una mentalidad fija, alguien que probablemente tiene más miedo a ser juzgado como un fracaso que a los resultados finales de la suma de esfuerzos. No es un sacrificio tan grande, y cualquiera de los miembros de la pareja podría aprender algo valioso sobre sí mismos.

Si te quedas fuera con más frecuencia y evitas pasar tiempo en casa con tu pareja, ese es un gran problema. El hogar es donde se supone que debes sentirte más cómodo. Nunca serás feliz si temes volver a casa. Nunca.

Los sentimientos de aislamiento y abstinencia son dañinos, como hemos visto. Si simplemente no puedes vencerlos, probablemente sea porque no estás con la persona adecuada. ¿Cambia tu comportamiento con los demás? Si es así, reconsidera con quién estás. Hacer esto es algo que te debes a ti mismo.

Si tienes hijos y pasas más tiempo con ellos, eso es un problema. Esto no quiere decir que debas poner a tu pareja por encima de tus hijos, por supuesto que no. Pero no tienes una relación íntima con tus hijos, por lo que se aplican reglas diferentes. Y podrías estar pasando más tiempo con los niños inconscientemente como una forma de pasar menos tiempo con tu pareja, y ese sería realmente el problema.

La canción solía decir: "It's in his kiss". Si el amor se ha ido, los besos de tu pareja te lo dirán. Un beso es una expresión muy íntima y revela mucho sobre la pasión de una persona o la falta de ella. Incluso el deseo de besar o la falta de voluntad para besar puede ser muy revelador sobre la mentalidad de la persona detrás de esos labios. Cuando los besos pierden su calor, si uno de los miembros de la pareja se niega a besar o lo hace solo con cierta rapidez y a regañadientes, eso dice mucho... quizás demasiado.

El aumento de peso es una mala señal. Es el síntoma de comer en exceso y abusar de sustancias y tener malos hábitos de sueño y ejercicio. Esto puede generar depresión, que solo alimenta el ciclo de abuso e intensifica el aumento de peso. Esto crea una espiral descendente que ya hemos visto en este libro, y los resultados son devastadores para la salud mental y física, que a menudo resultan en la muerte prematura o el suicidio.

Cuando todo lo que un miembro de la pareja ve (o menciona) son las cualidades negativas del otro y ninguna de las positivas, quizá solo esté viendo lo que quiere ver. Si es así, es para reforzar lo que esta persona quiere creer, lo que ya ha decidido y solo necesita confirmar: que la relación está condenada.

Si han dejado de hablar sobre el futuro, es una señal de que uno o ambos de los miembros de la pareja ya no están pensando en un futuro con el otro. En ese caso, puede que no haya uno.

La caída del cabello es un signo evidente de ansiedad y estrés, y por lo general viene con una causa muy grave como la angustia matrimonial. Sin embargo, no confundas esto con la calvicie de patrón masculino y termines culpando erróneamente a tu pareja por ello.

Si pasas más tiempo con tus amigos que con tu pareja, o si pasan más tiempo en un grupo que solos, eso es una gran señal de alerta. Significa que se ignoran el uno al otro, y si aún sigue sucediendo después de probar todo en este libro, es posible que se haya acabado todo.

El malestar digestivo es un signo común de estrés y ansiedad. Puede ser que tu intestino te esté diciendo algo. Solo tú puedes responder con seguridad.

MALAS RAZONES PARA ROMPER

Las pequeñas complicaciones no son motivo para romper. Estas pueden solucionarse. Si las técnicas de este libro no te han ayudado, hay otras que pueden ayudarte. Pero es probable que surjan pequeñas molestias en cualquier relación, y si no aprendes a lidiar con ellas, estarás corriendo de una relación a la siguiente.

Si estás feliz en general, piensa primero en las otras cosas que pueden estar haciéndote infeliz. Pregúntate qué te haría feliz en su lugar. Hazte algunas preguntas de si/entonces, reconsidera cómo se siente ser feliz, visualízalo, exteriorízalo. Puede que la relación no sea el problema.

Este suele ser el truco para reavivar la relación y lograr divertirse juntos.

Otra razón para separarse es si sus principios básicos son muy diferentes o si sus vidas van en direcciones diferentes, pero no permitas que el hecho de que tengan intereses diferentes termine con la relación. Aprende y participa en los intereses del otro, como lo harías en una noche de juegos para parejas o en una clase de arte. Eso es algo que pueden hacer juntos, y hasta podrías ampliar tus horizontes.

Incluso si ambos se sienten atraídos por otras personas, esta no es necesariamente una razón para romper. No me refiero a que les atraigan todas las demás personas, o muchas otras personas, porque eso sí es un problema. Pero una gran cantidad de parejas sanas tienen las llamadas listas de engaños, en la que cada una de las personas permite que la otra se acueste con alguien más bajo ciertas condiciones. Los famosos suelen encabezar la lista, personas que ambos miembros de la pareja saben que no van a acabar cerca de ellos. Aun así, tu pareja se siente atraída por alguien más, y está bien si no dejas que esto se ponga en tu contra o en contra de la relación.

No dejes a nadie por dinero, a menos que te esté robando (o llevándote a la ruina). El dinero es un catalizador principal para las rupturas, y es probable que tengas problemas de este tipo con cualquier pareja que tengas.

No te vayas solo porque la fase de luna de miel haya terminado. ¡Ahí es cuando el verdadero amor *comienza*, no cuando termina! Pueden surgir pequeñas molestias que no habías notado antes, pero pueden tratarse utilizando las técnicas de este libro.

En este sentido, no dejes a tu pareja porque no esté cumpliendo todos tus sueños. Para empezar, tus sueños de la infancia probablemente fueron un poco irreales. Las expectativas poco realistas son el componente básico de la decepción. Y esta es la realidad, no el mundo de los sueños. Puede que tampoco estés cumpliendo con todas las altas expectativas del otro, pero eso no significa que no seas una buena pareja o que no valgas la pena.

No permitas que el miedo al compromiso te impida comprometerte más si eso es lo que te parece correcto. El miedo al compromiso te mantendrá corriendo de una persona a otra por el resto de tu vida si no lo enfrentas. Y podrías perder grandes relaciones en el proceso.

Pero si tiene que ser, tiene que ser. Lo mejor es aceptarlo, aprender de ello y comportarse de una manera que refleje lo mejor de ti. No te arrepientas de nada. Incluso puedes aprender mucho sobre ti mismo si manejas bien la ruptura y te alejas sintiéndote empoderado y no deprimido, con mentalidad de crecimiento en lugar de mentalidad fija. Así que veamos cómo romper con alguien sin destruirte física, mental y emocionalmente.

ROMPER ES DIFÍCIL

Es algo que mucha gente teme, y con razón. Le sucede a todo el mundo en algún momento y, sin embargo, no sabemos cómo comunicarnos durante este evento a menudo traumático. Por supuesto, no siempre es traumático. A veces, dos personas simplemente están de acuerdo en que es hora de dar por finalizada la relación.

Ahora que hemos visto *cuándo*, veamos *cómo*.

Las rupturas son tan únicas como las relaciones que estas terminan, por lo que lo mejor que podemos hacer es apoyarnos en nuestra nueva comprensión y aplicar lo que sabemos. Si aplicas solo algunas de estas tácticas, seguramente tendrás una ruptura más fluida y una recuperación más fluida y breve también.

Por supuesto, hay muchos factores variables a considerar. ¿En qué extremo de la ruptura estás? ¿Eres el que la promueve o eres el receptor? La situación es muy diferente para el que deja la relación con respecto al que es dejado, pero cada uno tiene mucho que pensar cuando navega por estas aguas traicioneras. ¿La relación es turbulenta o las cosas han estado tranquilas antes de la erupción final?

Estas otras preguntas tienen ramificaciones prospectivas. ¿Quieres que sigan siendo amigos? ¿Compartes un lugar de trabajo o algún otro vórtice que los obliga a estar juntos? ¿Cómo lo superarás, y qué quieres para poder volver a estar juntos? Lo que aquí respondas podría hacer una diferencia.

Así que vayamos a los aspectos prácticos de superar una ruptura.

CÓMO ROMPER CON GRACIA

Hazlo siempre en persona. Dejar a alguien por correo electrónico o, peor aún, por mensaje de texto, es una cobardía. Estuviste ahí para la relación, deberías estar ahí para la ruptura. Además, solo entonces puedes ofrecer el toque humano que un correo electrónico u otro método, incluso un mensaje de texto, no puede ofrecer.

Sé cortés. No importa de qué lado de la ruptura estés, no es fácil. Pero es más difícil para la persona con la que se rompe. Si este no es el caso, recuerda comenzar con todo lo que te gusta de tu pareja y no te culpes. Si eres el que está siendo abandonado, no pierdas los estribos ni tengas un arrebato emocional. Querrás hacerlo, pero no ayudará en nada. Te sentirás mucho mejor contigo mismo más adelante si permaneces calmado y razonable y luego tienes tu rabieta emocional en privado.

Recuerda que el cerebro no puede ser emocional y racional al mismo tiempo. Este es un momento para la razón, no la emoción. Entonces, lucha con todas tus fuerzas y mantén tu dignidad. Esto impresionará a tu futura ex pareja. ¿Y quién sabe? El futuro puede dar un giro. Algunas personas vuelven a estar juntas. No hagas ni digas nada ahora de lo que puedas arrepentirte después (y lo harás).

Si te encuentras en público durante una ruptura (algo que no debería ser así), presta más atención a estas palabras. Hacer un berrinche en un lugar público no es bueno para nadie y solo le demostrará a tu pareja que está tomando la decisión correcta.

En este sentido, no te conviertas en un destructor de las pertenencias de la persona, y no empieces a tirar las cosas en una pila en el patio delantero en un arrebato de rencor y venganza. Esto no es comunicación. Esto es un ataque. Es una violación de la confianza, porque esta persona confió en ti para que no destruyas sus cosas. Esto puede tener todo tipo de ramificaciones legales y eliminará cualquier posibilidad de volver a estar juntos. Incluso si eso no se acerca a tus intenciones ahora, nunca se sabe. Y es simplemente una destrucción sin sentido que demostrará que no eres una buena pareja para tu ex (o probablemente para nadie). Así que busca ayuda seria para tus problemas de control de temperamento.

Mientras te comunicas durante una ruptura, trata de no hacer que la otra persona se sienta mejor. Es contradictorio, ya que la culpa y un poco de vergüenza harán que quieras consolar a tu pareja. Por un lado, esta ya no es tu responsabilidad emocional y, por el otro, puedes hacer que la persona se sienta peor por perderte, ya que de repente te has vuelto cariñoso y comprensivo. Y más tarde se resentirá de que hayas reservado toda tu gracia y amabilidad para el final, una vez que ya es demasiado tarde y de nada sirve. Le estás mostrando lo mejor de ti al mismo tiempo que privas a la persona de ello.

Resiste una sesión final de coito también, eso solo complicará las cosas emocionalmente y hará que la otra persona se sienta manipulada y utilizada, y ese es probablemente el caso. Si no estás dispuesto a cortar todo de raíz, reconsidera lo que estás haciendo y por qué lo estás haciendo. De todos modos, esto solo anticipa la repetición final de la escena de ruptura, y solo será peor cada vez.

Inmediatamente después de una ruptura, debes cortar los lazos con respeto, al menos por un tiempo. Proporciona tiempo a ambas partes para adaptarse, para aceptar que se acabó. El contacto puede dar falsas esperanzas y evitar que la persona se recupere y siga adelante.

El problema es que probablemente tuviste una fuerte amistad con esta persona, aunque obviamente no lo suficientemente fuerte. U otros problemas impiden que la amistad avance. De cualquier manera, has sacrificado parte de esa amistad por la intimidad, y cuando eso se perdió, parte de esa amistad, si no toda, puede perderse. No puedes pedirle a alguien con el corazón roto que siga siendo un amigo cercano y luego hacer que te vea conectarte con otras personas. Eso es egoísta, hiriente y dañino para la otra persona. Es difícil decir adiós a uno de tus mejores amigos, pero eso es lo que estás haciendo aquí. Tienes que saberlo.

Obtén algún consejo antes de hacerlo, y que sea de un amigo tuyo que no sea amigo de tu pareja. Esto puede ser visto como tramar a sus espaldas. Si tienes tus propios amigos, pídeles consejo. Luego recuerda esto cuando hables con tu pareja.

Reconoce que se trata de una cuestión de incompatibilidad y resiste la culpa o la vergüenza.

Hazlo rápido si puedes. No dejes que se prolongue durante horas, con la otra persona suplicando o tratando de convencerte de que cambies de opinión. Si estás haciendo esto, ya estás decidido. No estás ahí para un trabajo de pareja más constructivo o incluso una terapia, has intentado (con suerte) todo eso. Ahora, hazlo. No seas grosero o frío, y por supuesto, sé respetuoso con lo que siente la otra persona. Pero no tienes que sentirlo con ella y no tienes que soportarlo. Si se está poniendo emocional, interrumpe el momento. Aconseja que se calme y vuelvan a hablar una vez que la persona sea racional y no emocional.

Sé sincero. No culpes. Sé veraz. La realidad es más que cualquiera de ustedes como individuos, porque la relación fue más que cualquiera de ustedes como individuos. Reconoce eso, separa los problemas de la gente.

Sé positivo acerca del tiempo que pasaron juntos, pero no te pases de la raya con ello o es probable que crees una discusión, una refutación hacia tu propia lógica. Y eso tiene sentido. Si la relación fue tan buena, ¿por qué la terminas? Solo sé amable y no permitas que tu pareja se sienta inútil o culpable.

No pidas tiempo para reconsiderar, porque eso solo evitará lo inevitable. Ya se han dado tiempo el uno al otro para reconsiderarlo, ya lo has estado considerando tú mismo durante algún tiempo si eres tú quien está rompiendo con la otra persona. Sin embargo, tu pareja puede engañarte y confundirte. El tiempo para reconsiderar es solo tiempo perdido. Y la confianza ya se ha dañado. La otra persona siempre se preguntará qué tan cerca estás de hacerlo de nuevo, qué es lo que todavía está haciendo mal. Es probable que la otra persona esté a la defensiva, retraída, inhibida. A su vez, no necesitas un descanso, no necesitas que estén separados por dos semanas. Probablemente ya lo hayan probado, y no funcionó. Además, lo que probablemente quieres decir es que prefieres dejar el tema sobre la mesa hasta que sea discutible. Si quieres un descanso, probablemente tengas tu próxima relación a la vista o esta ya esté preparada. Puede que esa relación ya haya comenzado. Es cierto que es mucho más conveniente volver dos semanas después y explicar que te enamoraste de otra persona en lugar de admitir que estuviste con ella durante semanas antes de la ruptura. Las cosas cambian, y ya no es tan conveniente. Incluso si no hay nadie más, probablemente estás esperando que lo haya, mientras dejas que tu pareja gaste su energía esperando algo que no va a suceder. Tu táctica puede dar sus frutos, pero es más probable que esto no suceda. Si es así, ¿qué tipo de escena tendrán y de quién será la culpa?

Solo deja en claro que se acabó y trata de seguir adelante. No será fácil, no será bonito, o no estarías terminando con todo. Pero a veces simplemente hay que hacerlo.

DÓNDE HACERLO

Nunca lo hagas en público. Algunas personas sienten que esta es una buena manera de asegurarse de que la otra persona no se enoje. Pero eso no es cierto. Es posible que aun así se enoje y se sienta aún peor porque lo o la atrajiste a ese tipo de trampa. La gente conoce esa táctica y se sentirá manipulada. Si temes por tu seguridad, eso solo evitará una confrontación violenta más adelante. Hazlo en privado. Si viven juntos, ten un plan para dejar a la otra persona en paz por un tiempo para que digiera la noticia. Sin embargo, ten cuidado, porque si va a tirar a la basura tus cosas o robarte, esto es exactamente lo que sucederá.

Nunca lo hagas en un evento familiar, ya que sería terriblemente humillante. Algunos pueden pensar que la otra persona tiene a su familia cerca para sentirse más cómoda, pero eso tiene un precio terrible. Y te habrás convertido en un paria.

Dicho esto, a veces un lugar público como un parque o la playa puede no ser una idea tan terrible. Estos lugares reducirán el posible comportamiento antisocial de una persona, ya que eso podría ser motivo de preocupación. Puede ser que te sientas más cómodo al aire libre, donde la tensión entre ustedes no se acumulará en una habitación pequeña. Los sentimientos de claustrofobia pueden llegar a una persona en momentos de crisis emocional, y la brisa del océano siempre es una influencia tranquilizadora.

Otro beneficio de estar al aire libre y en público es que probablemente se conocieron allí. Eso significa que siempre puedes irte y marcharte. No estás dejando a tu pareja, posiblemente enfurecida, en una casa llena de tus cosas valiosas y vulnerables. No estás en peligro y puedes controlar la situación.

Si vives solo, ¿quieres a la persona en tu casa o apartamento? Siempre puedes pedirle que se vaya, y eso te coloca en tu lugar de comodidad y poder. Pero también pones a tu pareja en grave desventaja, al carecer de la ventaja de la casa. ¿Y qué pasa si no se quiere ir?

Ir a la casa de la otra persona brinda el consuelo que esta puede necesitar, y siempre puedes simplemente alejarte para dejar que digiera lo que sucedió. Pero estar en su lugar de poder puede empoderar a la otra persona, y si está en un estado emocional delicado, las cosas pueden volverse incluso más emocionales.

Unas palabras sobre las personas abusivas. Si estás rompiendo con alguien que es abusivo, es posible que desees dar otros pasos. Si estuviste o estás en una relación abusiva, probablemente (con suerte) fueron a terapia. Las relaciones abusivas requieren eso, si tienen alguna esperanza de supervivencia (sin mencionar a las personas *en* la relación). Entonces, considera que ambos se reúnan con sus terapeutas para así poder romper allí. Su terapeuta estará allí para moderar y garantizar una resolución pacífica, si es posible.

Si compartes la espiritualidad en tu relación, una sesión con el líder o guía espiritual de ambos también podría ser útil. Estos podrían ser buenos enfoques incluso fuera de las relaciones abusivas, si estás particularmente preocupado por el tumulto emocional que podría sobrevenir.

13

CÓMO, CUÁNDO Y DÓNDE SUPERAR UNA RUPTURA

No fue fácil para ninguno de los dos. Pero ahora se acabó y vas a tener que lidiar con eso y seguir con tu vida. Con suerte, eres una persona con mentalidad de crecimiento que está lista para aceptar el fracaso como un trampolín hacia el éxito. Pero ser abandonado puede robarte esa habilidad esencial de ver la positividad en ciertas situaciones y en la vida en general. Y eso crea espirales descendentes que pueden llevarte a los momentos más bajos de tu vida, o incluso al final.

Por lo tanto, los pasos que tomes en este momento marcarán la diferencia, especialmente si tú eres la parte agraviada. Seamos realistas, es mucho más fácil que la persona que termina la relación siga adelante. De muchas formas y en algunos casos muy concretos, es posible que ya lo haya hecho. Debes hacer lo mismo, procesar la emoción y luego dejarla ir y seguir adelante con tu vida.

Aun así, es mucho más fácil decirlo que hacerlo.

CUÁNDO SABER QUE ES HORA DE SEGUIR ADELANTE

Las emociones vendrán primero, como estamos a punto de ver. Luego, antes de aplicar las técnicas a continuación, querrás estar seguro de que no es solo otro bache en el camino. Tu pareja podría cambiar de opinión, ¿verdad? *¿Correcto?*

Sabrás cuándo es el momento de volver a subirte al caballo. Pero ten en cuenta estas cosas. ¿Realmente quieres una nueva relación o quieres volver a la anterior? ¿Estás preparado para correr el riesgo? ¿Has dejado realmente atrás a tu ex? No quieres arrastrar ningún residuo de mala voluntad de esa antigua relación a la nueva. Y no quieres un reencuentro, eso no es justo para nadie.

Pero tampoco querrás quedarte sentado para siempre. Tienes que salir de tu zona de confort, tienes que esforzarte. Cambiar tu comportamiento afectará tu forma de pensar, y esto puede revertir una espiral descendente.

Es diferente para cada persona en cada situación, por lo que el único consejo real sería que te conozcas a ti mismo, entres en contacto con tus sentimientos y evites las trampas del pensamiento excesivo, el diálogo interno negativo, el aislamiento, el abuso de sustancias y la depresión.

¡Queda en tus manos!

QUÉ HACER DESPUÉS DE UNA RUPTURA

Lo primero que resultará de la ruptura serán las consecuencias emocionales. Con suerte, no las mostraste durante la ruptura, mantuviste la calma y permaneciste razonable y racional. Pero seguramente tendrás emociones al respecto y debes procesar estas emociones antes de poder hacer cualquier otra cosa.

Una buena forma es simplemente gritar. Toma unas copas si es necesario (ten mucho cuidado aquí) y luego deja que todo se derrame. No hay nada malo en hacerlo a solas. Recuerda que esto es emoción, no razón. Por lo tanto, no necesitas que un amigo sea lógico contigo o te convenza de nada. Eso puede funcionar una vez que seas un poco más razonable, pero lo primero que tienes que hacer es borrar la emoción. Hazlo en grande, hazlo de manera rápida, y sigue así hasta que no quede nada más. Deja la menor cantidad de emociones residuales que obstruyan tu sistema.

Los amigos son un buen sistema de apoyo después de que te has vuelto un poco menos emocional y un poco más razonable. Y no discutas con ellos sobre el tema, no hay nada que discutir. Permíteles que te apoyen, no defiendas tu caso. El caso está cerrado.

Mantén la calma. Puede que todavía estés un poco deprimido, pero no lo lleves contigo, no vayas con el corazón en la mano. Pronto te convertirás en un lastre y tus amigos podrían comenzar a evitarte (no sin razón). Cuando cambias tu comportamiento y cambias tu lenguaje, tus sentimientos y tu perspectiva pueden cambiar.

No contactes a tu ex ni a ninguno de sus amigos. Mantén ese espacio en este momento.

No te revuelques en tu tristeza por mucho tiempo, pero tampoco te apresures a salir con alguien. Las citas de rebote no son buenas para nadie y nunca duran. Esto incluso puede ser algo cruel para la otra persona, dándole falsas esperanzas de tener una relación fiable contigo. Se trata de saber cuáles son tus necesidades y deseos, cuál es el valor del otro y cómo puedes alcanzarlo.

Si quieres ser amigo de tu ex, espera todo lo que puedas. Ver a tu ex puede causar fácilmente un retroceso hacia un territorio emocionalmente vulnerable. Quieres ser lo más fuerte que puedas como individuo, o quizás en una nueva relación, antes de volver a visitar la anterior. Especialmente en el último caso, ya que esto podría provocar sentimientos de celos y desconfianza en tu nueva relación, y esto podría descarrilarte emocionalmente y arruinar un buen y nuevo romance.

Pero ¿es prudente seguir siendo amigos? Es una buena idea seguir siendo amigo de tu ex, y eso seguramente es posible. Pero llamarlo complicado es quedarse corto.

Antes de siquiera pensar en ser amigos, surge la pregunta de cuándo es seguro hacerlo. ¿Ha pasado suficiente tiempo? Ya dije esto antes, pero vale la pena repetirlo. Mantente alejado de tu ex durante un período de tiempo significativo. Si regresas demasiado pronto, nunca habrás salido del todo.

Algunas personas siguen *la ecuación del cincuenta por ciento*, que establece que llorarás una relación durante la mitad de su duración total. Si fue una aventura de seis años, puedes pasar hasta tres años recuperándote de ella.

¡Ay! Eso es mucho tiempo.

Pero hay más en la decisión que solo tiempo. ¿Qué tan difícil fue seguir adelante después de la ruptura? ¿Crees que eres lo suficientemente fuerte como para resistirla o volver a atravesar algo así? ¿Realmente has aprendido tus lecciones y has avanzado desde la ruptura? ¿Estás listo para aportar más a una relación que antes? ¿Estás listo para corregir lo que fue que hiciste mal en el pasado?

Porque el riesgo inicial de hacer esto es que tendrás que resistir esa vieja tentación. Si tu pareja no lo hace, te espera más dolor. Y aunque eso puede cambiar, uno de ustedes tendría que cambiar significativamente primero.

También existe la posibilidad de una posible atracción mutua. A no ser que lo que quieras involucre la idea de reavivar la relación de pareja, no les conviene dormir juntos en este momento más que justo después de la ruptura. Es probable que esto provoque todo tipo de recaídas, pensamientos exagerados, conversaciones negativas, dudas, presunciones, suposiciones, falsas esperanzas y complicaciones emocionales. Si puedes resistirte, hazlo.

Ser amigo de tu ex requiere que cambies tu perspectiva. Tienes que visualizar, separar a la persona (tu ex) del problema (la ruptura y la consiguiente separación). Y no podrás actuar con él o ella como si todavía fuera tu pareja. Nada de tocarse, coquetear o hacer presunciones de cualquier tipo. Eso significa que tendrás que encontrar otra forma de lidiar con esta persona, una que sea amigable a pesar de su poderosa presencia.

Si eres sereno, tranquilo, amigable y divertido, estarás bien. Apóyate en tus puntos fuertes y mantén la distancia. En todo caso, esto inspirará admiración por tu compostura, y hará maravillas con tu confianza.

Si vas a seguir siendo amigo de tu ex, asegúrate de manejarte siempre con gracia y serenidad. Nunca, nunca pierdas la calma con comentarios insolentes, ojos en blanco, bufidos o suspiros u otras demostraciones pasivas/agresivas. Tu amistad no durará mucho y le harás saber a tu ex (y a todos los demás) que una amistad sana no es lo que realmente quieres, y probablemente la misma no sea posible.

Es posible que hayan crecido juntos. En ese caso, su tiempo como pareja la primera vez no fue necesariamente el comienzo y el final de su relación, solo un capítulo importante. Pero hubo un capítulo significativo antes y bien podría haber otro capítulo significativo después. Primero fueron amigos, y eso podría pasar nuevamente. En este caso, y en otros, pueden lograr volver a ser amigos, los amigos que eran antes de su amor o los amigos que eran antes de su ruptura. Es probable que esas cosas sobrevivan, incluso si el romance no lo hizo.

Incluso puedes descubrir que tienen una amistad más fuerte que antes, una amistad nueva y más madura porque son personas nuevas y más maduras.

OTRAS FORMAS DE AFRONTAR UNA RUPTURA

Lo principal de lidiar con una ruptura es la comunicación, compartir lo suficiente con tus amigos para tener una caja de resonancia sin volverte un fastidio o un amargo al respecto. Ve a terapia si lo necesitas, pero primero practica el pensamiento positivo, mantén una mentalidad orientada al crecimiento y separa los acontecimientos de la persona. Concéntrate en lo bueno y en cómo mejorar las cosas. Establece algunas metas y alcánzalas de acuerdo con tu propio cronograma, con objetivos más pequeños establecidos de antemano. Vuelve a centrarte en cosas creativas o productivas en lugar de autocompadecerte o pensar demasiado, que son cosas contraproducentes.

Mantente saludable con una buena dieta, alcohol limitado y ejercicio físico. Únete a un curso de ejercicios o de defensa personal (o vuelve al que dejaste después de tres semanas cuando estabas en pareja), lee un libro o únete a un club de lectura. Organiza una noche de juegos en pareja incluso si no estás en pareja, ¡porque de esta manera puedes ser el anfitrión del juego! Oye, *algo es algo*.

Puedes reconsiderar algunas actividades más personales, como llevar un diario o escribir un cuento o una novela. Hacer una crónica de tu relación podría crear una gran historia y podría incluso ayudarte a resolver cualquier sentimiento persistente que quizá tengas. Es un ejercicio tremendamente catártico y es posible que se te ocurra una gran novela o guión.

Elimina todo lo que tienes de tu ex pareja de tu vida. Elimina las cartas de amor y las fotos. Es más que simbólico, es importante que te convenzas de que no te estás aferrando al pasado.

Haz una lista de tus cualidades positivas. Estas son las cosas más fáciles de perder de vista, pero las más importantes para recordar. Después de ser rechazado, es posible que te sientas inútil e incapaz. Da los pasos físicos para recordarte a ti mismo que esto no es cierto. Mantén la lista donde puedas verla. Haz copias y colócalas en una variedad de lugares si es necesario.

Ve a tres lugares nuevos: conduce hacia un vecindario que nunca hayas visitado, ve a un parque de la ciudad en el que nunca hayas estado y ve a un restaurante que nunca hayas probado. Evita los lugares a los que solían ir juntos, ya que esto solo obstruirá tu progreso.

Haz una lista de las cualidades negativas de tu pareja. Después de tus propias cualidades positivas, estas son las primeras cosas que olvidas, pero las más importantes a tener en cuenta. Es fácil recordar las cosas buenas, pero fueron las cosas malas las que terminaron la relación, ¿verdad? Entonces, aparentemente eran más importantes en ese entonces, y podrían ser de máxima importancia ahora.

Purga tu vida en las redes sociales de tu ex pareja, sus amigos, familia y los grupos que él o ella podría haber compartido contigo. No sigas a tu ex pareja en Facebook ni vayas a sus sitios web. No la acoses por Internet y tampoco chatees en mensajería instantánea.

Suena contradictorio, pero deberías dejar de lado la idea del cierre. Nadie lo entiende realmente. Si no puedes superarlo por tu cuenta, ninguna charla final realmente hará nada. Incluso puede abrir viejas heridas o evitar que las nuevas cicatricen. Además, el cierre no es natural. Sería genial si lo tuviéramos todo el tiempo, y estamos capacitados para anticiparnos y desearlo (todo, desde la graduación hasta la jubilación y los funerales, está diseñado para darnos esta sensación). Pero la graduación solo da comienzo a otras aventuras, otros estudios y otros grados superiores de realización. Mucha gente continúa aprendiendo toda su vida. No hay un cierre real para ellos, y eso está bien. De hecho, el cierre puede ser aceptado por la persona con mentalidad de crecimiento que rechaza el perfeccionismo. Es el perfeccionista que piensa demasiado y se habla de forma negativa a sí mismo que no puede superar la falta de cierre, y eso en sí mismo es una falta de cierre. Incluso si tienes tu charla final, es muy probable que te sientas insatisfecho, que pienses demasiado hasta que se te ocurra algo más que podrías haber dicho o que aún te gustaría decir. El cierre es una causa perdida y una tontería.

Si eres una persona espiritual, este es el momento de aferrarte a eso. Hay una gran sabiduría sobre el amor, las relaciones, la fe, la esperanza y la duda en todas las grandes tradiciones. Sé sincero y de mente abierta, y te sorprenderá lo que encuentres allí. Este también es un buen momento para la comunidad, para compartir fuerzas. Y te dará algo más en lo que pensar durante unas horas a la semana, te recordará que tus problemas son pequeños en comparación con otros, que eres parte de algo más grande, más poderoso, más positivo.

ENCONTRANDO UNA NUEVA RELACIÓN

Suponiendo que no quieres volver atrás pero sí quieres seguir adelante, es hora de empezar a buscar una nueva relación. El *dónde* y el *cómo* de esto ya son cosas que se tratan bastante bien en otras secciones de este libro. Las actividades personales preferidas, talleres y entrenamientos, lecciones y clases, y las iglesias y las organizaciones de voluntarios son buenos lugares para conocer gente nueva. Es posible que tus amigos y compañeros de trabajo tengan personas con las que puedan emparejarte. Pero ten cuidado con esto, ya que un romance conflictivo podría dividir las lealtades y destruir amistades y romances.

Y está Internet, por supuesto. Está repleto de sitios de citas de todo tipo, líneas de chat y grupos y clubes de Facebook. Naturalmente, querrás tener mucho cuidado con las personas que conoces online. El alcance de la actividad criminal está más allá de la imaginación de las personas de buen corazón, que son exactamente su presa preferida, especialmente las personas solitarias y con el corazón roto. Protege tu información personal, nunca des la dirección o número de teléfono de tu casa, solicita varias fotografías o una foto personal para demostrar que no te están haciendo *catfishing*.

Siempre puedes reunirte con alguien en algún lugar para tomar un café.

No importa a dónde vayas para encontrarte con alguien, a un bar o a un resort o incluso a la Luna, siempre se tratará de lo que estás comunicando, a los demás y a ti mismo.

En primer lugar, mira hacia adentro. Todo lo que necesites para ser verdaderamente feliz tiene que residir dentro de ti. Tienes que hacerte feliz antes de poder hacer feliz a alguien más. Si eres miserable, nadie puede estar feliz por ti. Entonces, pregúntate qué quieres o necesitas, visualiza y ponte en marcha. Nadie puede completarte y tú no puedes completar a nadie. Solo puedes crear una relación más completa.

Vive tu vida como quieras. Así encontrarás y atraerás a alguien que quiera vivir como tú, en lugar de alguien cuyas preferencias de estilo de vida sean tremendamente distintas a las tuyas. No querrás quedarte atrapado en el síndrome de *te quiero, eres perfecto, ahora cambia.*

Si quieres aprender cosas nuevas y ampliar tus horizontes de esa manera, piensa en elegir aquellas cosas que hacen las personas que te gustan o te atraen. ¿Una persona que te gusta juega a los bolos? Aprende a jugar, no es tan difícil; realmente pocas cosas lo son. En este sentido, si ves en otros cualidades que admiras, adopta esas cualidades tú mismo. La emulación es la forma en la que las personas aprenden desde la primera infancia. Si alguien tiene cierta cualidad que admiras, ya sea humor, tranquilidad, audacia, razón, hazla tuya. ¡Nadie es dueño de estas cosas!

Regresa a las cosas significativas de la vida. Crea vínculos con amigos, vuelve a leer los diarios de tu infancia, da largos paseos al aire libre. Vuelve a conectarte con el mundo natural y eso te ayudará a reconectarte contigo mismo.

Tómatelo con calma cuando conozcas a alguien nuevo. No hay prisa. Ya hemos visto los problemas que pueden surgir. No es necesario utilizar una mentalidad fija para suponer cómo se desarrollará la relación. Nunca lo pensarás demasiado hacia adelante, solo hacia atrás. En todo caso, podrías pensar en *sub*pensarlo. No asumas el control, pero tampoco seas negligente. Solo date cuenta de que algunas cosas no están completamente bajo tu control, sin importar cómo resulten.

Cuando conoces a alguien con quien tienes una buena conexión, debes permitir que esa conexión se desarrolle y crezca. Si la persona es tu alma gemela, también le gustarás, así que, si ambos se prestan genuina atención el uno al otro, algo se desarrollará.

COMUNICÁNDOTE EN UNA NUEVA RELACIÓN

Has pasado por un período saludable de duelo. Te has involucrado en algunas actividades nuevas o favoritas que te han sacado de casa. Todavía estás luchando con algunos sentimientos persistentes, pero está bien. Se desvanecerán con el tiempo, de eso estás bastante seguro. Estás listo.

Has estado evaluando posibles nuevas parejas y has encontrado una. Esta persona también parece estar interesada en ti y, de hecho, lo dejó en claro. Ahora es el momento de empezar a salir de nuevo.

Pero ten en cuenta dos cosas. Por un lado, es probable que no hayas tenido una primera cita o un escenario de noviazgo durante mucho tiempo. Puede que, para empezar, no hayas sido tan bueno (algunas personas se sienten incómodas en esta etapa). Y has estado soportando muchas otras cosas, por lo que es posible que estés un poco oxidado en esos incómodos primeros intercambios.

También son intercambios cruciales, que marcarán el tono de toda la relación, si es que va a haber una.

También vienes de una ruptura, así que no eres exactamente una pizarra en blanco. Por lo tanto, ¡echemos un vistazo a algunas cosas cruciales que *debes* y *no debes* hacer para empezar con buen pie!

Primero que nada, no menciones a tu ex, ni una sola vez. De hecho, no menciones a ninguna de tus ex parejas. Esta nueva persona supone que has tenido otras parejas, y oír hablar de ellas puede ser insultante para ella, como si prefirieras estar con cualquiera de estas otras personas. También suena como si estuvieras presumiendo de cuántas parejas has tenido. Y si sigues haciendo referencia a tu última pareja, quien rompió contigo, será una situación desafortunada. Esto indica que realmente no has superado la relación, y probablemente no lo hayas hecho. Es muy ofensivo comparar una nueva cita con una antigua pareja, ya que la antigua tiene mucha ventaja sobre la nueva. Ciertamente no es halagador, y para eso son los primeros intercambios.

Hablando de halagos, no dejes que estos vayan en un solo sentido. Las mujeres pueden estar acostumbradas a ser halagadas, pero a menudo se olvidan de devolver el cumplido. A los hombres les gusta y necesitan escuchar eso también, y es egoísta o irreflexivo descuidarlo ante los demás. Si quieres un hombre con confianza, haz que se sienta seguro. Y eres hipócrita si te pones gruñón cuando no te hacen un cumplido si tú mismo no compartes los cumplidos.

Naturalmente, querrás ceñirte a los estándares. No mientas, no interrumpas, escucha activamente, mantén el contacto visual con discreción. Pregúntale a la persona sobre ella, desvía la atención de ti mismo. Sé elegante y generoso en tu retórica sobre los demás.

No apresures las cosas. No estés demasiado ansioso por crear el amor de tu vida. Si eso va a suceder, sucederá. Por lo tanto, no hagas referencias tempranas a la familia, los niños, el amor, el matrimonio.

No profundices demasiado pronto. No hagas confesiones de traumas pasados en la primera cita. A tiempo, pero no en la primera cita. Nada de crisis emocionales. No seas pegajoso. Siéntete cómodo contigo mismo, vive la vida que quieras, ten integridad. Estas cosas te servirán en todas las situaciones, pero especialmente cuando estés creando esas primeras impresiones cruciales.

CÓMO, CUÁNDO Y POR QUÉ VOLVER A ESTAR JUNTOS

¿REUNIDOS Y SE SIENTE BIEN...?

Las rupturas pueden ser difíciles, pero también pueden manejarse para que las cosas sigan siendo civilizadas y ninguna de las partes sufra innecesariamente. Ha pasado el tiempo y has seguido adelante. Quizás hayas tenido otra relación o dos. Te has enfrentado a tus sentimientos por tu ex, has separado los eventos de la ruptura y has separado la relación de ustedes mismos como individuos. Y has aprendido de tus errores. Te has convertido en una mejor persona gracias a ello. Te has enfrentado a cualquier enojo o dolor que hayas tenido por la ruptura y los eventos que te llevaron a ella, y tienes buenos recuerdos de tu ex y de los mejores momentos que compartieron juntos.

Es posible que incluso hayas logrado entablar una amistad después de la ruptura, reconectándote en algún nivel, y eso es gratificante. Las partes de tu amistad que fueron fuertes antes y durante la relación han demostrado perdurar, y tal vez sean más fuertes ahora que nunca. O puede que hayas tenido una ruptura clara, por el bien mutuo.

Pero también es posible que conserves sentimientos por tu ex, que la noción de volver a estar juntos permanezca en el fondo de tu mente y de tu corazón. No es solo un destello ocasional, sino algo que sigue volviendo a ti.

¿Es posible que puedas volver con tu ex? ¿Deberías? ¿Cuándo sabrás que es el movimiento correcto y cómo te comunicarás para volver a estar juntos? Echemos un vistazo más profundo, comenzando por cuándo saber si volver a estar juntos es el paso correcto.

LAS CUATRO R Y LAS CINCO ETAPAS DE LA REUNIÓN

Pero primero, es importante tener en cuenta que cualquier reunión con tu pareja, sin importar cómo, cuándo o por qué suceda, se basa en algo conocido como las *cuatro R*.

Las cuatro R, por cierto, se aplican a ambas partes, sin importar quién rompió con quién o quién regresará a quién. Todo el mundo tiene su parte de las Cuatro R que debe asumir en una situación como esta.

Primero, debe haber *remordimiento*. Una disculpa, no importa cuán sincera sea, no va a servir de nada. El ciclo del abuso se ve favorecido por su cuarta etapa, la contrición. Lo que se requiere es un remordimiento legítimo, un deseo no solo de corregir los malos sentimientos sino de cambiar o erradicar el comportamiento que generó los malos sentimientos desde el principio. Esto debe ser más que proclamado, hay que demostrarlo. Tiene que ser algo honesto. La otra persona tiene que expresar una comprensión de tu dolor, y de su parte en causar ese dolor.

También debe haber *responsabilidad*. El verdadero remordimiento requiere responsabilidad. Si transgrediste, no es suficiente mostrar remordimiento porque te sientes responsable, debes hacerte responsable de tus acciones futuras. Debes asumir la responsabilidad y actuar responsablemente. No repitas esos viejos errores, no vuelvas a caer en esos viejos patrones.

Tienes que demostrar el *reconocimiento* de los sentimientos de la otra persona, a través de una comunicación tranquila y clara que evite avergonzar y culpar.

Y por último, debe haber algún *remedio*. Hacer las paces es una cosa, pero adoptar un plan de acción es la mejor manera de asegurarte de que todo ese remordimiento, responsabilidad y reconocimiento se utilice de manera positiva y constructiva. Eso podría significar terapia o simplemente un compromiso con ciertas técnicas de este libro. Estas están diseñadas para que las cosas funcionen sin problemas y para prevenir la interrupción de la comunicación y las crisis, la raíz de casi todos los fracasos en las relaciones, como hemos visto.

Remordimiento, responsabilidad, reconocimiento y remedio.

También están las cinco etapas de la reunión. Si vas a volver con tu ex, debes tener un conocimiento práctico de estas cinco etapas.

La primera es la etapa de la fantasía. Es probable que al menos una de las parejas haya estado pensando en esta reunión, fantaseando con ella quizás durante años. La ha visualizado, planeado, pensado demasiado. Esta es la primera etapa de cualquier reencuentro, el deseo que enciende el reencuentro en sí. Por supuesto, puede haber ocasiones en las que las ex parejas se encuentren por casualidad, ambos perfectamente en paz con la vida, pero que por casualidad estén solteros y vuelvan a estar juntos.

Podría ser.

La segunda etapa es la reintroducción. Al verse en el metro o en Facebook, esta chispa hace saltar el barril de pólvora hacia la fantasía, y entonces puede comenzar un reencuentro. Por supuesto, podría ser que hayas sido compañero de trabajo de tu ex durante todo el lapso entre la ruptura y el reencuentro, y, a pesar de eso, hayas pasado por todos los pasos necesarios para la curación.

Podría ser.

La llamada mañana siguiente es el período posterior al gran torbellino de la reintroducción. Es este el momento en el que va a pasar algo o no va a pasar nada. Aquí es donde empieza el verdadero trabajo y también la verdadera diversión.

Pueden entrar en una etapa de limbo, donde surgen inquietudes y una de las parejas retrocede. Es natural y se puede solucionar si se entiende por lo que es.

La quinta etapa es la resolución. Sean cuales sean las dudas de la etapa de limbo, el trabajo de la etapa de la mañana siguiente ayudará a determinar cómo se resuelven las cosas. No se sabe si algo es bueno hasta que se prueba, como se suele decir.

Por lo tanto, cuando se reúnan, ten en cuenta que puedes estar en una etapa de limbo, pero eso no significa que la resolución irá en un sentido u otro. Ten en cuenta que la fase de reintroducción es emocionante pero breve y que la etapa siguiente es duradera.

Ahora, sigamos adelante y observemos más de cerca por qué querrías volver con tu ex incluso después de haber fracasado con él o ella antes.

¿POR QUÉ VOLVER?

Asegúrate de hacerlo por los motivos correctos. ¿Realmente anhelas a ese ex o simplemente te sientes solo? ¿Tener que contar tu historia de vida a alguien nuevo hace que te sientas viejo, perezoso y harto? ¿Sientes que ya no eres joven y que es hora de conformarte con lo que puedas conseguir? Sabrás si estos son buenos motivadores o no, y cuáles son tus verdaderos motivos, una vez que emplees algunas de las técnicas de este libro. Haz una lista de razones para regresar y razones para mantenerte alejado. Prioriza los elementos de cada lista. Los números te ayudarán a averiguarlo (los números no mienten... más o menos).

Pregúntate a ti mismo qué consejo le darías a tu mejor amigo. Pregúntale a tu amigo imaginario por qué quiere volver. Desafíalo. Llegarás a tus verdaderas motivaciones, deseos y anhelos. Ejercita la técnica de *los 5 porqués* para descubrir si tus motivos son positivos o si estás actuando por algún instinto equivocado.

CUANDO VUELVES A CRECER, TIENES QUE VOLVER

En términos de volver a estar juntos, el *cuándo* es crucial. No puedes regresar si no te has ido, ¿verdad? Tienes que asegurarte de que se hayan resuelto los problemas, tus problemas más que nada, ya que son los únicos que realmente puedes controlar. Tienes que saber que has seguido adelante. ¿De cuánto tiempo hablamos? ¿En qué momento sabes que has cruzado el puente hacia el otro lado? Esto será diferente para todos. Pero aquí hay algunas cosas a considerar.

Podría ser que la respuesta sea nunca. Es bastante razonable pensar en volver a estar juntos, y simplemente como resultado de haber superado a la persona. Puedes ver los errores que cometiste, lo bueno y lo malo de la relación, las verdaderas cualidades de tu ex como pareja y como amigo. Quizás hayan hecho las paces y tú hayas abandonado el rancio residuo emocional de la experiencia. Y quizás haya habido una química real allí en un momento, algo que la mayoría de la gente anhela, algo que es cada vez más difícil de encontrar, especialmente a medida que uno envejece y es más particular en sus hábitos y perspectivas. Por lo tanto, es bastante natural que te sientas atraído por la idea de la relación en su mejor momento y estés convencido de que está a tu alcance. Así somos los seres humanos, estamos entrenados para intentar lograr las cosas que imaginamos. Y siempre es posible y, a veces, es algo positivo.

Y a veces no.

Por lo tanto, en tu caso particular, chequea si estás siendo muy nostálgico o poco realista. Muchas cosas parecen una buena idea, pero asegúrate de que esta sea realmente una de ellas.

Los expertos te dirán que el único momento para volver a estar juntos es luego de que los problemas que terminaron la relación se hayan resuelto. Y eso tiene sentido. Si los comportamientos no han cambiado, entonces no importa cuánto hayas cambiado tu perspectiva. Recuerda, lo que sea que rompió la relación antes volverá a suceder... a menos que esos problemas se hayan resuelto.

Y tal vez se hayan resuelto. Estos problemas surgieron entre los dos individuos, pero nacieron del comportamiento de cada individuo primero, y luego se combinaron. Por lo tanto, si cada individuo se ha tomado un tiempo en el período posterior a la ruptura para volver a ponerse en contacto consigo mismo, mantuvo la mentalidad de crecimiento y mejoró, la reconciliación podría tener éxito. Pero las probabilidades están en tu contra, y es difícil por varias razones.

Chequea estos factores cuando la idea de volver a estar juntos surja una y otra vez.

Asegúrate de haber tomado el tiempo suficiente para hacer el duelo. Tienes que procesar esas emociones. Tienes que eliminar los residuos de tu sistema. Si vas a volver con tu ex pareja, tienes que volver limpio si quieres que esta nueva relación sea saludable. Pero si has pasado por el proceso de duelo y tu anhelo perdura, podrías considerar cualquier posibilidad que surja. Sin embargo, asegúrate primero de que haya una posibilidad o languidecerás en ese limbo romántico del anhelo.

Asegúrate de haber identificado tu necesidad o deseo, y prioriza. Hazte algunas preguntas de si/entonces sobre volver a estar juntos, visualízalas. Sé práctico. Aunque la persona siga siendo muy querida para ti, ¿los problemas que tenían eran simplemente cuestiones de incompatibilidad? No es probable que tu ex haya cambiado sus valores fundamentales o su visión del mundo, y probablemente nunca lo hará, ni tu tampoco. Es posible, y sucede, pero sucede cada vez menos a medida que envejecemos (a menos que seas Ebenezer Scrooge).

¿Fue esta una relación tóxica? ¿Fue uno de los dos abusivo? Si es así, es probable que esas cosas no hayan cambiado, y no es una cuestión de cuándo. Estas cosas nunca cambiarán, por lo que la respuesta a la pregunta de cuándo debe ser nunca.

Pero si la relación fue buena para ti y tal vez tú eras el elemento tóxico y aprendiste de eso y cambiaste tus formas, y tu ex todavía está interesado, estás en el terreno de las posibilidades. Asegúrate de que realmente hayas cambiado y de que no recaerás en comportamientos antiguos. Algunas personas pueden desencadenar eso, y es probable que tu ex sea una de esas personas. Es mejor que tengas autocontrol y sepas cómo lidiar con esos factores desencadenantes.

Curiosamente, algunas personas añoran a los ex que las trataron mal o abusaron de ellas. Anhelan la contrición que sigue al abuso, tal vez. Estas personas pueden tener un complejo de mártir o un complejo de víctima que requiera abuso. Sin embargo, estas condiciones necesitan una terapia seria que debe ser abordada, y el tema debe quedar resuelto antes de que se pueda establecer cualquier conexión seria o crear una relación saludable.

¿Tu ex te ha dicho que quiere volver contigo? Eso es algo clave. Todo lo que acabamos de hablar se basa en el hecho de que tu ex sí quiere que vuelvas con él o ella. Incluso si son amigos (especialmente si lo son), es una tontería comenzar a planificar un reencuentro con este fin a menos que sepas con seguridad qué es lo que quiere tu ex. La única forma de saberlo es si lo dice. No presumas ni asumas en este caso, confundiendo la amistad posterior a la ruptura con algo más que eso.

Solo considera volver a estar juntos si estás seguro de que ambos quieren lo mismo. No es momento de empezar con objetivos diferentes. Si uno todavía quiere tener hijos y el otro todavía no, eso seguirá siendo un factor decisivo.

Unas palabras sobre tener hijos. Los niños no son cosas que se utilicen como trueque en negociaciones románticas. Imagina que quieres volver con tu ex, pero tu ex quiere un hijo, así que decides regalarle un hijo a cambio de un bálsamo para tu deseo. Esa no es una razón para tener un hijo, y por muchas razones obvias.

En primer lugar, puede que no funcione, y luego te quedarás con un ex y un hijo al que tendrás que mantener. No quiero ser frío, pero eso no es algo barato. Hazte algunas preguntas de si/entonces para visualizar en qué podría terminar todo esto. No es una imagen bonita. Puedes llegar a sentir resentimiento hacia tu propio hijo, que nunca quisiste realmente, y puedes volverte psicológicamente abusivo, o abusivo de otras maneras. Tu hijo puede llegar a estar resentido contigo, sentimientos residuales de tu ex. Y las batallas por la custodia son brutales para todos los implicados.

Y tener hijos es una de las cosas más desafiantes que puede hacer una persona. Conlleva todo tipo de presiones y dificultades. Se sabe que la crianza de los hijos destruye los matrimonios por sí sola, por no hablar de mantenerlos unidos.

Solo tengan hijos si eso es lo que ambos realmente quieren, y luego asegúrense de poder llevarlo a cabo cómodamente. Pero ese es otro tema para otro libro.

Antes de volver a estar juntos, pregúntate cuántas veces rompieron la primera vez. Muchas relaciones no terminan simplemente, como ya hemos visto. La gente se toma descansos o lo reconsidera, y luego regresa rápidamente. Y este patrón puede repetirse varias veces antes de una (presumiblemente) pausa final. Si ese fuera el caso con este emparejamiento, es probable que vuelva a suceder. ¿De verdad quieres una relación que sea poco más que una serie de rupturas? ¿Qué tan probable es que este no vuelva a ser el caso? ¿Qué ha cambiado específicamente para asegurar que no vuelva a suceder?

¿Ambos resolvieron sus problemas individuales? Si no, estos problemas volverán a aparecer.

Pero si es lo que tanto tú como tu ex quieren y crees que es el momento adecuado, lo siguiente que debes considerar es cómo hacerlo correctamente.

CÓMO COMUNICARTE EN UN REENCUENTRO

Tú y tu ex han decidido intentarlo de nuevo. Esta vez, estás decidido a que funcione. Excelente. Pero es un momento difícil y traicionero para ambas partes, y debes tener cuidado cuando te comunicas a través de un reencuentro.

Si vas a comenzar estas negociaciones, porque eso es lo que son, hazlo en un lugar informal. A diferencia de una ruptura, esto es algo que puedes hacer en tu cafetería o restaurante favorito. Es probable que nadie se enoje durante esta conversación.

Esta conversación, más que la mayoría, requiere que uses muchas de las mismas tácticas que utilizaste cuando te comunicaste a través de un quiebre en la comunicación.

- Sé empático.
- Sé honesto.
- Aborda el comportamiento, no el carácter.
- Si debes abordar el comportamiento de tu pareja, haz un seguimiento rápido con una solución, que ya deberías haber preparado con anticipación.
- Cuando pases de las preguntas a las declaraciones, mantenlas sobre ti.
- Evita los factores desencadenantes y las respuestas desencadenadas, y mantente preparado para alejarte si es necesario.
- Sin embargo, cuando *estés* hablando, usa un lenguaje colaborativo como *nosotros, nuestro.*
- Piensa antes de hablar.
- Sé sobrio. Sé amable. Nada de insultos personales. Sé breve y no seas repetitivo.
- Sé consciente de tu lenguaje corporal. No seas agresivo con

tus gestos.

- Sé diplomático.
- Ten buenos pensamientos.
- No tengas miedo de disculparte. No te cuesta nada, y probablemente sea bastante razonable que debas hacerlo.

En mayor medida:

Mantente ligero, concéntrate en los buenos recuerdos antes de pasar a enfrentar los problemas, algo que tendrás que hacer. Pero no te empantanes en eso y comienza de forma positiva.

Cuando lo hagas oficial y negocies la reconciliación, asegúrate de abordar los temas anteriores. Acaba con ellos de una vez por todas o volverán y serán problemáticos, probablemente más temprano que tarde.

Asegúrate de que la confianza esté garantizada. La comunicación clara solo puede ocurrir cuando la confianza es fuerte. De hecho, sin confianza no hay una relación sobre la cual comunicarse. Si hubo problemas de confianza antes, lo cual es probable después de una ruptura, esto debe externalizarse y discutirse. Es algo que debe separarse de la gente, como en la terapia narrativa, y luego resolverse. Hay que acordar que la confianza debe establecerse y respetarse, o hay pocas razones para seguir adelante.

En ese sentido, asegúrate de haber perdonado verdaderamente a esta persona por lo que sea que haya sucedido. Si todavía estás cargando una mochila emocional sobre eventos pasados, los mismos solo volverán a surgir y probablemente se repitan. También significa que no lo has superado realmente, que todavía te estás recuperando. Eso significa que no has alcanzado realmente la autorrealización y que no estás preparado para volver a unirte a esta pareja.

Como debes hacer siempre, pero especialmente durante una reconciliación, organiza tus pensamientos antes de plantear cualquier problema. Esta es una negociación cuidadosa, y, después de todo, requiere diplomacia. No te limites a improvisar o podrías estropearlo todo.

Comparte tus experiencias de cuando estaban separados. No quieres ningún secreto en esta etapa del juego. Y lo que has hecho y aprendido seguramente te ha convertido en una persona cualificada para reincorporarte a esa relación. Cualquier pareja estaría interesada en escuchar sobre eso. Incluso puede ser necesario para ayudar a inculcar la confianza y alejar las viejas heridas, prueba de que realmente has cambiado.

En general, tómate las cosas con calma. Moverte demasiado rápido podría haber sido lo que los separó en primer lugar. Deja que tu pareja sea la más emocionada de los dos. Y aunque tú también estarás emocionado con la idea de reunirte, no hay razón para que te apresures. Has esperado tanto tiempo, y si el reencuentro es real, entonces las cosas van a durar. No te apresures con esto.

Intenta verlo como un nuevo capítulo, no como una nueva relación. Porque eso es lo que es, y solo cuando seas realista sobre quién eres, quién es tu pareja y qué estás haciendo, podrás crear la relación que podrías haber tenido todo este tiempo.

Asegúrate de ver las cosas con claridad, no a través de lentes de color rosa. Eso puede haber estado bien cuando te enamoraste por primera vez, pero esta vez debes ser lúcido y razonable. Se acabaron las expectativas poco realistas que llevan a la decepción, ¿de acuerdo? De acuerdo.

Asume que es posible que no tengas el apoyo de todos. Tu familia y amigos tienden a ser escépticos. Pero no dejes que te influyan si esto es realmente lo que tú y tu ex quieren. Es tu relación, no la de ellos. Pero tampoco dejes que eso te aleje de ellos. Tranquilízalos diciéndoles que aprecias su apoyo pero que ya has resuelto las cosas que podías y debías resolver.

Recuerda que no estás con otra persona. Esta es esencialmente la misma persona que conociste antes. Es posible que haya mejorado o evolucionado, o que tus expectativas hayan cambiado, pero debes saber con quién estás tratando y cómo tratar con esa persona. Recuerda lo que has aprendido sobre él o ella y sobre ti mismo, recuerda lo que has aprendido en este libro y recuerda estas lecciones. Usa las técnicas para mantener la comunicación abierta y saludable, o es probable que las cosas se pongan feas nuevamente.

CUANDO UN REENCUENTRO NO FUNCIONA

Finalmente regresaste al amor de tu vida, resolviste todos los problemas, incluso empleaste muchos de los consejos y trucos de este libro para acercarte y mantenerte más cerca. Pero las cosas siguen sin funcionar. Tus amigos niegan con la cabeza, con expresiones de *te lo dije* en la cara. Puede que incluso te sientas como un tonto por emprender algo así, como un fracasado. Y hasta cierto punto esas cosas pueden ser ciertas.

Pero lo importante, como siempre, es que evites el diálogo interno negativo. Separa tu valor como individuo del valor de la pareja. A veces, dos personas simplemente no van a conseguir estar juntas, a pesar de los mejores esfuerzos e intenciones de todos. Hay algunas razones comunes para eso, y ya deberían ser familiares.

Guardar secretos es una de las principales razones por las que estos reencuentros fracasan. Hay cosas que sucedieron en el intervalo, y ocultarlas solo crea sospechas, dudas, una espiral descendente que a menudo es fatal para un reencuentro romántico. Asimismo, mentir sobre lo que ha pasado o con quién ha pasado es una idea terrible. Mentir es lo opuesto a una comunicación clara, y la comunicación clara es clave para una relación exitosa en cualquier etapa, y en esta etapa en particular, cuando es probable que estés más alerta.

Presionar demasiado es otro gran error. Lamentablemente, la mayoría de las personas que harán esto no han leído este libro. Pero tú sí lo has hecho y sabes lo que es mejor para ti. En este caso, una reunión romántica es un gran paso y tu pareja puede tener dudas. Apurar las cosas no hace más que confirmarlas.

Ignorar las etapas del reencuentro es un error crucial. Conócelas, discútelas, digiérelas, entiende dónde estás y lo que te espera.

Ser insensible a los cambios y sentimientos de la otra persona matará una relación en cualquier etapa, en particular un reencuentro. Es probable que la falta de sensibilidad esté en el centro de la ruptura original.

Ignorar el pasado es otra razón por la que fracasan los reencuentros. La gente olvida las lecciones aprendidas y recae en sus viejos hábitos.

La falta de respeto también es inapropiada, personal o de otros vínculos de la pareja fuera de la relación. Este no es momento de ser divisor. Esas personas pueden haber sido el grupo de apoyo que ayudó a tu pareja a superar la primera ruptura, su lugar en la vida de tu pareja debe ser respetado, y ellos también.

Debido a que las personas cambian con el tiempo, es posible que una persona haya cambiado de una forma que a la otra simplemente no le guste. Aquí hablamos de elecciones drásticas de estilo de vida como el veganismo, por ejemplo, o la conversión religiosa radical. La gente cambia, pero no siempre a tu gusto. Y lo mismo vale para ti.

También puede ser que las viejas heridas sigan abriéndose, que nunca se curen realmente en presencia del otro. Si este es el triste caso, ambas partes deberían poder reconocerlo. Es una triste verdad que las cosas no se pueden dejar de decir o de escuchar. No podemos volver el tiempo atrás. Y nadie hace ningún bien al negarse a afrontar los hechos.

Si funciona la segunda vez, genial. Si no es así, al menos lo intentaste y podrás seguir adelante con la certeza de que no estabas destinado a ello. Sigue buscando y encontrarás lo que buscas y a quién buscas. Y cuando encuentres a esa persona, ¡sabrás cómo asegurar una relación más saludable a través de una comunicación clara!

CONCLUSIÓN

Bueno, ¡ha sido todo un viaje! Hemos trabajado el *cómo, porqué, dónde, cuándo y quién* de comenzar una relación, ayudándola a florecer y evitando sus trampas. Hemos analizado diferentes formas de superar una ruptura, de sanar y crecer, e incluso de reunirnos con esa pareja.

Hemos analizado tus deseos, necesidades y motivaciones a nivel profundo, las formas en que podrías pensar y las formas en que podrías cambiar tu forma de pensar. Estas son cosas que realmente puedes trasladar del ámbito del romance o la intimidad al resto de tu vida. Hemos tocado brevemente la espiritualidad y la meditación, y solo podemos recomendarte que sigas investigando sobre estos temas. No promovemos ninguna de estas cosas en particular, pero las mismas pueden funcionar en varias combinaciones, como la mayoría de las cosas en este libro. Vas a reunir una nueva biblioteca de habilidades y técnicas para que tus interacciones sean más fluidas y para reducir los conflictos en todos los ámbitos de tu vida.

Has obtenido una educación virtual en psicología y, con suerte, has aprendido más sobre ti mismo y el mundo que te rodea. Esa es la naturaleza de una psique sana y una vida feliz.

No importa en qué parte del ciclo romántico te encuentres, tienes las herramientas que necesitas para arreglar las cosas y mejorarlas, para saber cuándo marcharte y cuándo volver.

Utiliza esta información en cada rincón y en cada nivel de tu relación y de tu vida. Puedes hacer lo que parecía imposible y también puedes ayudar a otros a hacerlo. Y sigue trabajando. No te resistas a la idea de volver más tarde y releer este libro. A no ser que hayas utilizado todas las técnicas, seguro que hay más cosas aquí que no has probado, cosas que te perdiste la primera vez. Piensa en este libro y en otros similares como un manual de referencia al que puedes acudir siempre que lo necesites. Es posible que haya otras facetas de tu vida que podrían mejorar, o las vidas de tus seres queridos. Sigue leyendo, sigue creciendo, sigue aprendiendo y sigue viviendo. Mantén el corazón y la mente abiertos. ¡Mantente sano y sé feliz!

www.ingramcontent.com/pod-product-compliance
Lightning Source LLC
Chambersburg PA
CBHW021952160426
43209CB00001B/11